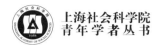

大数据监控社会中的隐私权保护

基于美欧实践的观察

张衡 著

Privacy Protection in Big Data
Surveillance Society:
Some Practical Observations on
the United States and the European Union

上海人民出版社

编审委员会

总　序

2020年，尽管新冠肺炎疫情对人类生活和经济社会发展造成一系列影响和冲击，但在党中央的坚强领导和全国人民的共同努力之下，中国实现了全球主要经济体唯一的经济正增长，在脱贫攻坚、全面建成小康社会等方面成绩斐然，交出了"一份人民满意、世界瞩目、可以载入史册的答卷"。在此期间，上海社会科学院的广大科研人员在理论研究和社会实践中坚决贯彻落实党中央和上海市委市政府的决策部署，积极发挥自身优势，以人民为中心、以抗疫与发展为重点，与时代同步，"厚文化树信心，用明德引风尚"，在理论支撑和智力支持上贡献了积极力量，也取得了一系列重要的学术理论研究和智库研究成果。

在上海社会科学院的科研队伍中，青年科研人员是一支重要的骨干研究力量，面对新时代的新使命、新阶段的新格局、新发展的新情况，上海社科院的青年人以其开放的思想、犀利的眼光、独到的新视角，大胆探索，深入研究社会科学中的前沿问题，取得了一系列突出的成果，也在这生命最美好的时光中谱写出一道道美丽的风景。面对这些辈出的新人和喜人的成果，上海社会科学院每年面向青年科研人员组织和征集高质量书稿，出版"上海社会科学院青年学者丛书"，把他们有价值的研究成果推向社会，希翼对我国学术的发展和青年学者的成长有所助益。

我们2021年出版的这套丛书精选了本院青年科研人员的最新代表作，涵盖了经济、社会、生态环境、文学、政治法律、城市治理等方面，反映了上海社会科学院新一代学人创新的能力和不俗的见地，是过去一年以来上海社会科学院最宝贵的财富之一。丛书的出版恰逢中国共产党建党百年的大事、喜事，这是社科青年用自己的"青春硕果"向中国共产党百年华诞献礼！

　　"青年是生命之晨，是日之黎明"，是人类的春天，更是人类的期望，期待在这阳光明媚的春天里上海社科院的青年人才不负韶华，开出更加绚丽的花朵。

上海社会科学院科研处

2021 年 4 月

自　序

自斯诺登事件以来，美欧政府广泛利用大数据技术实施社会监控的图景逐渐进入公众的视野。这种基于智能算法的大数据技术也赋予了美欧政府前所未有的社会监控能力。侦查机关积极采用新型的、秘密的、非接触式的大数据搜查方式；非基于合理怀疑的预测性监控被视为高效的社会安全治理工具；政府内外部数据聚合和共享形成有关个人行为、言论、偏好、人际关系、社会活动等全方位信息的"个人数字档案"成为政府决策的依据；立法强制要求网络运营者承担过度的执法协助义务，威胁其所应承担的公民隐私和通信秘密"守门人"的重任。新型监控技术的广泛应用及其相应的社会形态的变化，重新塑造了公权力对隐私权的干预措施，个人生活透明化的趋势正逐步侵蚀宪法保障的公民隐私权，使个人因此失去自我的特性，对个人自由和尊严造成严重威胁。本书通过观察美欧国家当前的大数据监控实践，分析传统隐私权的权利内涵和保护方式在理论和司法层面面临的争议，提出隐私权宪法保障理论亟需回应科技发展和社会变迁带来的严峻挑战。

本书除绪论和结语外共分五章。

第一章，基本范畴概述及问题的提出。首先，本章对"大数据""监控""大数据监控"进行了定义，描述了当前大数据监控如何从个人数据的收集方式、利用理念、适用范围等方面，重新塑造政府利用个人数据的模式。其次，论证了隐私权作为一项基本权利，应当发挥其保障个人私密生活免于公权力侵扰，以及规范公权力透明运行的功能。科学技术的进步推动了隐私权客体内容的演变和拓展，并推动个人信息进入宪法隐私权客体。

第二章，大数据监控的到来对美欧国家隐私权保护提出了新的挑战。政府和个人在数据能力上的失衡危及利益平衡理论的基础；大数据社会中公私界限的模糊颠覆传统的隐私合理期待理论；以风险预防为主要理念的个人数据应用可能违背宪法正当程序原则。隐私权宪法保护需要从实体权利、程序控制等方面应对大数据监控带来的挑战。

第三章，美欧国家宪法隐私权的理论演进。本章从三个方面阐述了当前美欧国家宪法隐私权理论面临的主要问题。一是技术演进和社会变迁下宪法隐私权理论的新发展。自动化数据处理和预测性算法，大规模、无差别、非物理性、非接触性的数据监控措施，重新塑造了隐私权的干预形式。公私合作监控的新型社会形态重新塑造了隐私权的内涵，个人隐私合理期待理论在这一社会形态下面临危机。预测性监控、政府数据聚合共享与正当程序原则产生冲突。二是大数据监控社会中宪法隐私权价值与功能需再认识。从宪法基本权利功能来看，隐私权的防御功能和权力运行透明功能在民主法治国家中是相辅相成的。隐私权的防御功能构建了公共权力对个人生活干预的限度，而隐私权的权力运行透明功能则为合法的权力行使提供了渠道和规制。三是大数据监控社会中隐私权与公共利益需要实现再平衡。隐私权和公共利益的权衡并非零和博弈。本书提出了宪法隐私权与公共利益的权衡结构，以风险评估理念为指导，在比例原则的基础上，构建隐私权与公共利益的权衡结构，提出了隐私风险评估的具体实施步骤。

第四章，美欧国家宪法隐私权的司法保障。美国联邦最高法院构建的隐私权保护理论和欧洲人权法院构建的隐私权干预合法要件理论，各自形成了较为完整的公权力实施隐私权干预的监督机制。监控技术的发展对美国司法机关拓展隐私权的概念内涵和基本原则产生了重大影响。美国宪法隐私权保护理论经历了从私人财产的保护至私密信息的保护,从个人私密领域的隐私保护到公共空间的个人隐私合理期待的发展历程。隐私合理期待理论确立了开放地带原则、第三方当事人原则、通信内容数据与非内容数据差异化保护原则。然而在大数据监控时代,隐私合理期待理论遭遇无法适用的困境。欧洲人权法院在一系列判决中构建了《欧洲人权公约》第八条所保护的隐私权侵害的审查架构,包括隐私权干预判断基准的确立,以及包括法律保留原则、正当目的原则和比例原则在内的隐私权干预合法性要件的构建。

第五章,实践场景中的隐私权限制合宪性。本章选取了三个大数据监控的实践领域,探讨当前的大数据监控实践对隐私权的干预性及其合宪性控制。一是秘密通信拦截中的隐私权保护合宪性检讨。通过梳理主要国家执法机构和情报机构实施的通信拦截监控措施的立法规制后发现,多数国家由司法机关主导审查执法机关通信拦截的启动及其合法性,对情报部门的监控则采取多样化的监督形式,检视秘密通信拦截的合宪性。二是大规模通信元数据留存中隐私保护合宪性检讨。不同国家对通信元数据留存目的的正当性认识并不一致,从国际立法例来看,主要分为宽严两类留存目的。欧洲个人数据保护机构和欧洲法院以及多个成员国的宪法法院都已经确认了大规模通信元数据所具有的隐私干预性,而美国立法机关和联邦法院仍存有不同的立场。"目的正当性"和"比例原则"是欧洲法院在"爱尔兰数据权利案"中提出的大规模通信元数据留存的合宪性审查标准。三是风险预防性警务中的隐私权保护合宪性检讨。风险预防性警务活动可能涉及无合理怀疑下的广泛监控与正当程序原则的冲突,以及大数据技术处理公开的个人数据与合理隐私期待原则的冲突。风险预防性警务的合宪性控制需要隐私合理期待理论的转向,社会隐私期待标准的提出为解决当前隐私合理期待理论的限制提供了新思路。

本书一方面旨在观察美欧国家隐私权理论如何回应新技术和新社会形态的挑战和需求;另一方面对大数据监控的实践从隐私权保护的视角予以考察和衡量。本书致力于从三个方面提出宪法隐私权研究的思路:

一是从新技术和新社会形态的视角,审视当前隐私权宪法理论面临的争议。从信息技术的视角理解底层技术架构实施的数据汇集、分析和应用对隐私权干预行为的重新塑造,包括自动化数据处理和预测性算法蕴含的隐私权干预的主观意图;大规模、无合理怀疑的大数据监控构成新型的搜查和侦查;非物理性、非接触性的监控加剧隐私权干预的秘密化。从社会新经济形态的视角,提出公共监控借助于私人监控实现社会全面监控的内在根源,及其导致的传统隐私合理期待理论面临的危机。

二是从基本权利功能视角,提出发挥隐私权作为一项基本权利功能的新思路。一般来说,作为一项基本权利,隐私权的功能分为防御公权力的消极功能和要求国家予以保护权利实现的积极功能。本书在传统隐私权功能的基础上,提出了隐私权作为基本权利功能的另一项功能,即规范权力透明运行的功能。隐私权的防御功能构建了公共权力对个人生活干预的限度,而在现实生活中难以避免大数据监控的情况下,隐私权的权力运行透明功能则为合法的权力行使提供了渠道和规制。

三是提出宪法隐私权与公共利益的"利益权衡结构",探寻价值冲突的解决路径。宪法隐私权与公共利益的权衡结构是指,以"隐私风险评估"为手段,在比例原则指导下,构建隐私权与公共利益的权衡结构,以法律保留原则实现利益权衡的正当性,建立司法监督机制对利益平衡实施审查。

　　大数据监控是一个高技术性的议题，并且技术处于高速迭代的发展进程中，各国的权力机关正在探索实践各种新兴的监控技术，生物识别、人工智能等新兴技术的发展和应用对隐私权和公民自由将产生的影响尚处于探索研究之中。本书只是隐私权研究漫漫长路上的初步探索，笔者将在以后的工作中继续跟踪研究。书中错漏和不足之处，恳请方家不吝指正。

目　录

绪 论

　　近年来,在恐怖主义和国家安全威胁的语境下,无论是美国还是欧洲国家,政府监控权都处于大规模的扩张进程中。2013年斯诺登曝光美国国家安全局绝密电子监听计划"棱镜计划"①。在"棱镜计划"中,美国国家安全局和联邦调查局通过进入微软、谷歌、苹果、雅虎等九大网络巨头的服务器,监控美国公民的电子邮件、聊天记录、视频及照片等秘密资料。2013年,美国政府耗资近20亿美元建成了国家安全局第三个数据中心,也是全美最大的数据中心。这个数据中心的存储能力达到了一百亿亿兆级别的字节,足以存储全球所有网络用户今后一百年的通信数据。②2016年,英国修改《调查权法》,赋予政府新的监控权力,包括强制要求互联网服务供应商保存所有用户网页浏览记录,以供相当多的政府部门调取;授权权力机关实施设备干预权,比如强制要求手机制造商在手机中植入黑客软件或留有后门。③现代数字监控已经从被动获取信号到主动干扰设备、系统、网络和通信;从有

---

① "棱镜计划"的正式名称为US-984XN,自2007年小布什执政时期开始实施。参见化柏林:《从棱镜计划看大数据时代下的情报分析》,载《图书与情报》2014年第5期,第1—6页。

② 黄燕芳:《揭秘美国"大数据"的老巢:9月落成面积史上最大所用计算机比现今最快的快100倍》,载《新闻晚报·国际周刊》2013年6月23日第4版。

③ Ewen MacAskill: "*Extreme surveillance*" *becomes UK law with barely a whimper*, at https://www.theguardian.com/world/2016/nov/19/extreme-surveillance-becomes-uk-law-with-barely-a-whimper, June. 23, 2017.

针对性的个人监控到成百上千万的大规模监控;从检查基本的通信内容和元数据到侵入性的分析技术。所有这些变化都是在大数据等技术广泛用于政府监控的背景下发生的。

进入 21 世纪以来,新型信息技术,比如云计算、物联网、大数据以及人工智能的发展与应用使物理世界与虚拟世界交汇融合,正重新塑造着我们的世界。人们的日常行为通过各种终端设备进行数字化记录,这些数据记录形成巨大的电子数据流,汇聚至各个商业组织和权力部门,在大数据和人工智能技术的帮助下进行分析和组织,揭示出个人生活的全景和思想活动的地图,并以此对人们未来的行为进行预测甚至影响。巴尔金所描绘的以数据收集和分析为核心运转的信息社会已经成为社会常态。

在这样的科技架构和社会情境下,个人数据无疑是政府掌控人民所有生活细节和动向的主要治理工具。个人对于自己的隐私以及个人信息何时被采集,如何被处理,是否被分享一无所知。作为信息主体的个人,失去了对有关个人信息的收集、存储和处理过程的控制权。网络监控的泛滥使个人对于监控的防范和自我保护的范围越来越小,甚至可能导致个人私域的彻底失守。大数据监控社会的到来意味着人们需要将传统隐私权所要保障和维护的宪法核心价值放在网络和信息技术极度发展的情景下来重新审视和维护。

从宪法保护的公民合理的隐私期待以及对执法权合理运用与约束的视角来看,大数据技术带来的监控能力重新塑造了权力机关干预隐私权的手段,比如新型的、秘密的、非接触式的搜查方式;大规模的、无差别的、预测性的大数据监控;公私部门的合作式监控等等。在大数据环境下,每个人都形成了有关个人行为、言论、偏好、人际关系、社会活动等全方位的数字档案,使个人因此失去自我的特性,对个人自由和尊严造成严重威胁。本书将深入考察美欧政府以风险预防、打击犯罪、服务给付等"管制国家"和"福利国家"需求为名而实施的"大数据监控"实践,探索在科技发展和社会变迁的情境下,美欧政府在平衡执法效率提升、社会管理水平提高与个人隐私与自由的合理期待之间面临的困境,从实体层面和程序层面考察和衡量隐私权作为基本权利的理论内涵的演进,以及权力制衡和正当程序保障如何在大数据监控环境下艰难实施。

一、隐私权理论研究的进展

自 1890 年沃伦和布兰代斯在《哈佛法律评论》上发表《隐私权》一文以来,无论本国宪法文本中是否列明隐私权,世界范围内的学者们对这项新兴的、脆弱的、具有很强主观性特征的基本权利的研究都兴致勃勃。隐私权的研究不仅关乎哲学、文化、政治、科技和社会结构等诸多因素,更涉及将抽象理念诉诸具体法律制度;与此同时,绝大多数人虽身处信息社会,但可能从未真正了解信息科技在政治控制和经济利益的驱动下,如何悄无声息地侵蚀人们的隐私。因此,隐私权的研究可谓是当代最为深沉幽暗的领域之一。[1]为了使研究能够确定在合理可控的范围内,本书对相关文献梳理主要集中在信息技术演进及其引发的社会变迁如何推动美欧宪法隐私权理论发展,以及美欧监控理论和大数据监控实践出现后对其宪法隐私权产生重要影响的相关研究。

---

[1]　刘静怡:《网路社会的资讯隐私权保护架构:法律经济分析的初步观察》,载香港中文大学《二十一世纪双月刊》2001 年 2 月号。

1. 信息技术与隐私权的关系理论

沃伦和布兰代斯最初发表的《隐私权》一文,提出隐私权是建立在人格权基础上的一种权利,私人生活的面貌可以被新出现的照相机所记录和传播。此后,隐私权理论的发展一直与新兴技术的演进密切相关。早期的美国隐私权理论主要集中于私领域的侵权行为研究,最具代表性的是美国迪恩·普罗瑟(Dean Prosser)教授在《隐私》[①]一文中提出的四类侵犯隐私的行为,构建了隐私侵权理论。艾伦·威斯汀(Alan Westin)教授首先提出了新技术将会打破隐私和披露之间的平衡,隐私权需要发挥限制政府监控、保护民主体制的功能。[②]

政府和商业大型数据库出现后,美欧的学者开始关注"完全无法对已经失控的个人信息的使用进行任何控制"带来的隐私威胁。"隐私权是一种对个人信息的控制权"这一著名的阐释也来源于威斯汀[③],它开始了隐私权和个人信息在理论上的联结。威斯汀的观点得到了美国法学家亚瑟·米勒(Arthur Miller)和查尔斯·弗里德(Chalrles Fried)的赞同。米勒认为,有效的隐私权的基本属性是个人控制与其相关信息的流通能力。[④]戴维·弗莱尔提(David Flaherty)比较了德国、瑞典、法国、加拿大和美国监控社会下的隐私保护后提出,政府联网的计算机数据库对隐私权造成了威胁。他提出了"数据保护"作为隐私的一个方面,涉及收集、使用和传播个人信息。这一概念构成了各国政府使用的"公平信息实践原则"的基础。弗莱尔提也将隐私视为一种对个人信息的控制。[⑤]

[①] Dean Prosser, Privacy, *California Law Review*, Vol.48, 1960, pp.383, 390—343, 405.

[②] Alan F. Westin, *Privacy and Freedom*(Fifth ed.), New York: Atheneum, 1968, pp.28—30.

[③] Ibid., p.67.

[④] Arthur R. Miller, *The Assault on Privacy: Computer, Data Banks, Anddossiers*, University of Michigan Press, 1971, p.25.

[⑤] Flaherty H. David, *Protecting Privacy in Surveillance Societies*. Chapel Hill: University of North Carolina Press, 1989, p.306.

2. 监控与宪法隐私权保护的关系理论

监控理论学说的主要哲学基础来源于英国功利主义哲学家杰里米·边沁于 1791 年提出的"敞式监狱"(Panopticon)理论和法国哲学家福柯在《规训与惩罚》一书中对"敞式监狱"作为一种规训机制和权力技术进行的解读。① 在此基础上,保罗·施华兹(Paul Schwartz)将网络监控与奥威尔所描写的电幕作比较,他认为如今不只有老大哥(Big Brother)还有小弟弟(Little Brother)在收集个人数据,信息技术极大地鼓舞了政府与商业机构之间的个人数据分享。② 戴维·弗莱尔提(David Flaherty)认为,持续、长时间地收集个人信息档案,可以对人民的行为产生限制效应,当一个人知道参与政治活动时将会面临监控时,监控就可能对其产生"寒蝉效应"从而限制其行为。③

罗杰·克拉克(Roger Clarke)创造了"数据监控"(dataveillance)这一术语,强调将数据监控作为监控的主要形式予以研究,体现了信息社会的到来对监控和隐私权理论研究的推动。"数据监控"指调查或监控一人或多人行为及通信时,对个人信息的系统化使用。④ 科林·班纳特(Colin Bennet)认为,数据监控这一术语指的是大量个人数据收集与存储所推动的大规模监控活动。因此,数据监控成为一种新型的监控模式,这种监控是通过收集私人事实与数据完成的。⑤ 杰瑞·康(Jerry Kang)在借鉴了斯坦利·本

---

① ［法］米歇尔·福柯:《规训与惩罚》,刘北成、杨远婴译,生活·读书·新知三联书店 2010 年版,第 215—220 页。

② Paul M. Schwartz, Privacy and Democracy in Cyberspace, *Vanderbilt Law Review*, Vol.52, 1999.

③ Flaherty H. David, *Protecting Privacy in Surveillance Societies*. Chapel Hill: University of North Carolina Press, 1989, pp.243—256.

④ Roger Clarke, Information Technology and Dataveillance, *Communications of the ACM*, 31(5), 1988, pp.498—512.

⑤ Colin J. Bennet, The Public Surveillance of Personal Data: A Cross-National Analysis, in David Lyon, Elia Zureik, eds., *Computers, Surveillance, and Privacy*, University of Minnesota Press, 1996, pp.237—259.

(Stanley Benn)的观点后提出,监控是对人格尊严的限制,促使人们进行自我审查。①保罗·施华兹主张,个人信息收集活动可能会对个人的自由选择能力形成压制。②丹尼尔·萨勒夫(Daniel Solove)则并不完全赞同数据监控会产生老大哥式的统治与压迫,他认为更为危险的是,由于个人无法参与到决定自己的信息何去何从的决策过程而带来的脆弱无助。因而,隐私权包括保障人们具有避免信息被别人所制的权利。③

3. 有关宪法隐私权价值和功能争议的理论

对宪法隐私权价值和功能的定位决定了其在大数据监控社会中抵抗公权力干预个人生活时所能发挥的作用。有关隐私权价值的争议集中在当前大数据经济环境下隐私权是否可以商品化? 理查德·波斯纳(Richard Posner)是隐私商品化的支持者。他批评隐私权通过隐藏信息降低了市场效率。④劳伦斯·莱斯格(Lawrence Lessig)认为,网络上的隐私泄露可以通过代码和法律规制,如果将隐私视为一种财产权,人们会更有动力保护它。个人应该能够控制自己的信息。⑤肖莎娜·朱伯夫(Shoshana Zuboff)提出了"监控资本主义"的概念,在此概念逻辑下,监控资本要求企业收集和分析尽可能多的个人信息,构建商业模式。⑥隐私商品化的反对者则认为,隐私的

---

① Jerry Kang, Self-surveillance Privacy & the Personal Data Guardian, *Datenschutz und Datensicherheit-DuD*, 35(9), 2011, p.624.

② Paul M. Schwartz, Privacy and Participation: Personal Information and Public Sector Regulation in the United States, Iowa Law Review, Vol.80, 1995, p.553, p.560.

③ [美]丹尼尔·萨勒夫:《隐私权与权力:计算机数据库与信息性隐私权隐喻》,载张民安主编:《信息性隐私权研究——信息性隐私权的产生、发展、适用范围和争议》,中山大学出版社 2015 年版,第 156 页。

④ Posner A. Richard, The Economics of Privacy, *The American Economic Review*, 71(2), 1981, pp.405—409.

⑤ [美]劳伦斯·莱斯格:《代码 2.0:网络空间中的法律》,李旭、沈伟伟译,清华大学出版社 2009 年版,第 139 页。

⑥ Shoshana Zuboff, The Secrets of Surveillance Capitalism, http://www.faz.net/aktuell/feuilleton/debatten/the-digital-debate/shoshana-zuboff-secrets-of-surveillance-capitalism-14103616.html, June 28, 2017.

商品化和经济性解释威胁了隐私权在宪法中作为基本权利的独特价值。加拿大学者莱斯利·雪德（Leslie R. Shade）认为，作为一种人权，隐私权有助于实现有意义的民主参与，并确保人的尊严和自主。雪德批判了将隐私商品化的理论，认为隐私的保护必须以人为中心。①安托瓦内特·劳弗罗伊（Antoinette Rouvroy）和伊夫·普莱特（Yves Poullet）也批判了将隐私权降格为是否披露个人信息或将个人信息商品化的选择权的观点，他们认为隐私权的目标是促进人的自主能力的发展。②詹姆斯·弗莱明（James Flemming）提出，隐私权并非刻意用来交易的对象，隐私是民主社会的结构性工具，因为民主协商的先决条件是个人的自由。③德国学者保罗·赫特（Paul De Hert）和瑟吉·格特沃斯（Serge Gutwirth）承认，自我发展的权利并不是孤立于社会生活的个体的自由，恰恰相反是作为自由社会成员所享有的权利。④

4. 斯诺登事件后大数据监控与宪法隐私权关系的理论

哈佛大学宪法学教授杰克·巴尔金（Jack Balkin）最早提出了"全面监控国家"的概念。⑤他认为全面监控国家是信息社会的一种特殊形式。戴维·里昂（David Lyon）将监控描述为个体或者组织为了影响、管理、指挥或

① Leslie Regan Shade, Reconsidering the Right to Privacy in Canada, *Bulletin of Science, Technology & Society*, 2008, 28(1), pp.80—91.
② Antoinette Rouvroy, Yves Poullet, The Right to Informational Self-determination and the Value of Self-development: Reassessing the Importance of Privacy for Democracy, in Serge Gutwirth et al. *Reinventing Data Protection*, Springer, Dordrecht, 2009, pp.45—76.
③ James E. Flemming, Securing Deliberative Autonomy, *Stanford Law Review*, Vol.48, 1995, pp.1—71. Flemming 认为，协商自治的基本原理结构是确保个人对影响其命运、身份或生活方式的事务有能力协商和作出基本决策的基本自由。
④ De Paul, and Serge Gutwirth, Privacy, Data Protection and Law Enforcement: Opacity of the Individual and Transparency of Power, in Erik Claes, Anthony Duff and Serge Gutwirth(eds.), *Privacy and the Criminal Law*, Intersentia, 2006, pp.61—104.
⑤ Balkin, Jack M., The Constitution in the National Surveillance State, *Minnesota Law Review*, 93(1), 2008, pp.1—25.

保护他人的目的,对他人的行为、活动或其他变化着的信息进行记录、存储和处理。①

2013年斯诺登揭露美国"棱镜门"等一系列大规模数据监控项目,引发了公民自由与国家安全的大辩论,大数据监控时代的隐私权保护真正成为全球性的理论和现实问题。②2014年,欧洲法院就"爱尔兰数据权利案"的判决,使大规模元数据监控的合宪性问题成为宪法隐私权理论研究的热点。罗杰·克拉克分析了通信内容数据和通信元数据的差异,提出大规模通信元数据的汇集和分析可能带来的宪法隐私权侵害。③费德里克·法布里尼(Federico Fabbrini)认为,为了情报和执法目的存储每位公民的网络行为数据,将会使人们之间的关系产生"寒蝉效应",深刻影响每个人的私人和家庭生活。欧洲法院的判决对欧盟未来的反恐战略产生重要影响,也促使宪法理论研究重新思考大数据监控下的安全和自由的再平衡问题。美国的研究者们则重新聚焦宪法第四修正案"禁止无理由搜查"的解读上。美国联邦最高法院通过大量判决构建了以"隐私合理期待"理论为核心的宪法隐私权理论。张民安教授主编的《隐私合理期待总论——隐私合理期待理论的产生、发展、继受、分析方法、保护模式和争议》一书翻译汇编了大卫·奥布莱恩、奥林·科尔、约翰·斯卡堤略内等人的美国"隐私合理期待"理论的一系列研究④,分析了在GPS、社交网络、移动智能手机等新技术条件下,传统宪法在"隐私合理期待理论"的公共空间、第三方理论以及通信内容/非内容的区分原则方面遭遇的适用困境。针对大数据监控社会的宪法隐私权侵害风

① David Lyon, *Surveillance Studies: An Overview*, Cambridge: Polity Press, 2007, pp.67—89.
② David Lyon, *Surveillance After Snowden*, John Wiley & Sons, 2015, p.14.
③ Roger Clark, Data Retention as Mass Surveillance: The Need for an Evaluative Framework, *International Data Privacy Law*, 5(2), 2015, p.121.
④ 参见张民安主编:《隐私合理期待总论——隐私合理期待理论的产生、发展、继受、分析方法、保护模式和争议》,中山大学出版社2015年版。

险,戴维·赖特(David Wright)和保罗·赫特(Paul De Hert)提出,为了系统评估大数据监控措施对公民宪法隐私权的干预,需要基于风险评估理念,区分强监控措施与弱监控措施,并在实体上和程序上构建隐私权保护的宪法和法律框架。①

5. 研究述评

美欧学术界长期积累了大量有关信息技术变迁与宪法隐私权理论研究,从政府开始建设巨型公民数据库,9·11 恐怖袭击之后,西方国家普遍加强了政府监控权,到"斯诺登事件"曝光的西方政府(特别是"五眼国家")强大的全社会数据监控能力,美欧学术界针对大数据监控对公民个人生活的干预和引发的隐私权宪法保护危机进行了大量的研究。尤其是美国宪法理论界围绕宪法"第四修正案"所构建的"隐私合理期待理论"对各国的隐私权保护产生了重要影响。而德国宪法法院提出的"资讯自决权"则成为了许多国家制定个人数据保护法的宪法理论来源。即使存在诸多争议,隐私权和个人数据保护也已经成为信息社会中难以分离的概念。但是,随着大数据监控社会的到来,技术快速演进重新塑造或者形成了新的隐私权干预措施,信息社会以"个人数据"为基础运行的社会形态推动了宪法学视角下隐私权内涵的演变,风险社会的到来使隐私权和公共利益的平衡面临系统性的问题。大量的秘密的通信监控措施、风险预防性的警务活动、大规模的政府个人数据库的建设与共享等领域,都出现了隐私权与政府监控权的激烈冲突。当前,美欧学者有关隐私权的研究迅速转向权力机关应用的新兴监控技术的新进展,以回应现实生活中隐私权保护的实际需求。

---

① David Wright, Paul De Hert, Introduction to Privacy Impact Assessment, in *Privacy Impact Assessment*, Springer, Dordrecht, 2012, pp.3—32.

二、本书的研究视角

（一）比较研究方法

对美国和欧洲国家的隐私权宪法理论和大数据监控相关法律制度作比较研究非常有难度。首先,国家之间的宪法和法律制度涉及不同的政治体制、法治观念以及历史和现实的选择。尤其是隐私权的概念极大地受到各国不同的历史文化、政治环境和社会心理的影响。其次,总体来说各国监控和隐私相关的制度大多并非统一和整体性的,复杂且支离破碎是目前立法的现实情状,这也是隐私权难以保障的主要原因。研究者很难整体性地掌握全部的图景。第三,各国的监控规定由于涉及国家安全而在许多方面秘而不宣,作为研究者来说,数据监控的实践透明度比起其他执法实践要低得多,这为研究带来许多障碍。第四,大数据监控的具体实践还在初步的应用过程中,其对隐私权带来的可能伤害尚处于理论和实践的初步评估阶段,与国家安全和公共安全等利益的衡量也由于不同的社会心理和公众态度而处于动态变化过程之中。这也为研究的结论带来许多不确定和争议的可能。

然而即使是不完整的、局部的、不完美的比较,也是极其有必要的。大数据监控技术的发展极大地增强了公权力侵入私人领域的能力,这确实是当前世界各国面临的共同挑战,也是人类社会进入全面的数字化时代面临的共同的基本权利危机。跨越法域的观察,可以全面地审视西方国家应对这一挑战所调动的宪法理论资源和法治解决方案所显现的差异和共同点。

隐私权实践的域外观察,也有助于我们在全球化发展的时代推动与其他国家的对话和沟通。2015 年欧盟法院判决"美欧安全港协议"无效,主要的依据就是欧盟认为,在基本权利保护上,美国的司法机构无法对欧盟公民的隐私权和数据保护权进行有效保护,达不到欧盟对民众个人隐私保护的水平。这一判决极大地影响了美欧之间跨境数据的流动和贸易往来。隐私权宪法保护,不仅仅是一个宪法层面的问题,也是国际政治和经济对话中的重要议题。

（二）跨学科研究方法

首先,从宪法基本权利的角度理解认识美欧大数据监控条件下个人权利面临的风险和威胁,需要整体性地梳理观察隐私权在美欧国家的起源及其进入宪法基本权利领域之后的发展和演化。

其次,"大数据监控"和"隐私权"的议题涉及政治、经济、法学、社会、技术等社会的方方面面,要深入理解技术和社会变迁对隐私权构建带来的影响,需要调动信息技术学、社会学、经济学、政治学等其他学科的理论资源和研究成果。理解信息技术特别是大数据、数据分析、机器学习、人工智能、监控技术的特点和运作机理,可以了解底层技术架构实施的数据汇集、分析和结果应用对隐私权干预的具体形式和技术逻辑。"信息资本主义"理论、"数据新石油"等经济和商业理论的阐释,可以帮助理解当前互联网经济中最为核心的商业模式,即是建立在大规模的数据收集和分析基础上的对个人生活的监控和刻画,以此为基础构建各种具有智能性特征的商业服务应用。私人监控资本主义理论的阐释,解释了数据监控社会的底层经济学架构,有助于我们理解私人大规模扩张监控权的内在的经济动因。而公共监控技术的应用也大多是从商业机构获得的资源,这也是美欧国家的公共监控极力推动与私人监控结盟的内在根源,从而导致了美欧宪法理论上基于"公共领域"与"私人领域"分界而发展起来的隐私权面临的危机。社会学和社会心理学理论的借鉴,使我们理解监控社会导致透明化的社会对民众产生的自我规训效果。防止受监控社会下个人自主发展能力的缩限正是美欧国家隐私权进入宪法基本权利谱系的根本理由。政治学理论的借鉴有助于我们观察和理解大数据监控进入美欧国家的政治议题之后，各国的价值取向和政治选择对于本国隐私权的宪法保护和数据监控法律制度构建产生的影响。

（三）利益衡量方法

无论是美国还是欧洲国家，隐私权都不是绝对性的权利，隐私权的主张始终面临着与公共利益、国家安全等利益的冲突和矛盾。本书在研究美欧大数据监控下隐私权与公共利益的平衡实践基础上，提出以隐私风险评估为手段，在比例原则基础上构建隐私权与公共利益的权衡结构，解决公权力干预措施所要实现的目标与隐私权利益之间的博弈，为利益平衡寻找解决路径。在本书的最后一章大数据监控实践的合宪性检讨部分，也贯彻此"利益权衡结构"方法，为实践层面的大数据监控措施的隐私权干预合宪性控制提供思路。

（四）判例分析方法

美国和欧盟宪法隐私权理论构建主要是由司法解释推动的。本书在比较研究的过程中分析了美国联邦最高法院、欧洲人权法院和欧洲法院一系列有关宪法隐私权的判例，分析美国和欧洲的司法机关如何跟随信息技术的发展而不断完善宪法隐私权理论。

第一章
大数据与隐私权：概念范畴

第一节 大数据

随着大数据、云计算、物联网、人工智能等信息技术的普及应用，建立在数据分析和自动决策基础上的大数据监控在美欧国家打击恐怖主义、维护社会治安、犯罪预防和执法、灾害防控、公共福利等领域得到了大范围的应用。这种新型的个人数据利用方式重新塑造了政府在刑事侦查和行政执法中搜集证据的方式，对私人生活的侵入性变得更全面、更系统和更秘密。利用大数据技术所构建的监控社会对隐私权的宪法保护带来的挑战引发了激烈的争议。对此项问题的认识，首先需要我们理解大数据监控的特征，理解其与传统社会中的个人数据利用或者说"小数据利用"有怎样的差异，才能理解政府在大数据监控条件下的个人数据利用行为可能会对隐私权产生怎样的侵害。唯有如此，对这一高度技术性的议题才能更全面地进行宪法和法律分析。

一、大数据监控及其监控能力

（一）大数据

虽然大数据被誉为 21 世纪的革命性事业，然而却并没有多少人能说清楚大数据究竟是什么。专家学者们普遍认为，目前尚无"大数据"的确切定义。英国圣安德鲁斯大学的乔纳森·斯图尔特·沃德（Jonathan Stuart Ward）和亚当·巴克（Adam Barker）在 2013 年的一篇论文中将"大数据"定义为："运用一系列技术存储和分析大量或复杂数据集。"①乔治城大学法学教授朱力·科恩（Julie Cohen）进一步扩展了大数据定义："大数据"是一种技术和方法结合的缩写。这种技术能够在很短的时间内实现大量数据的筛选、排序和询问的信息处理硬件配置。这种方法涉及探索数据挖掘的模式，进行预测性分析并将分析应用于新的数据。②目前，广为认可的大数据定义是通过描述大数据的特征来实现，比如 2001 年麦塔集团（META Group）分析师道格·莱尼（Doug Laney）提出大数据的"3V"特征，即数据成长将朝三个方向发展，分别为数据即时处理的速度（Velocity）、数据格式的多样化（Variety）与数据量的规模（Volume），三者统称为"3V"或"3Vs"。③

美国联邦政府对大数据进行了多种定义。比如，白宫在一份描述大数据及其影响的报告《大数据：抓住机会、保持价值》④中，引用美国国家科学

---

① The Big Data Conundrum：How to Define It?，*MIT Technology Review*，http://www.technologyreview.com/view/519851/the-big-data-conundrum-how-to-define-it/，Oct.11, 2017.

② Julie E. Cohen, What Privacy Is For, *Harvard Law Review*，Vol.126，2013，pp.1904，1920—1921.

③ Gartner：IT Glossary：Big Data，http://www. gartner. com/it-glossary/big-data/，Oct. 21, 2017.

④ Executive Office of the President of United States，John Podesta. Big Data：Seizing Opportunities, Preserving Values, https://obamawhitehouse. archives. gov/sites/default/files/docs/20150204_Big_Data_Seizing_Opportunities_Preserving_Values_Memo.pdf，May 15, 2017.

基金会文件《推动大数据科学和工程的核心技术》的定义，认为"大数据集是来自设备、传感器、互联网交易、电子邮件、视频、点击流量和所有其他数字资源的大型、多样化、复杂、纵向或分布的数据集。①美国国家标准技术研究所（NIST）进一步解释说，大数据是指超过常规方法和系统的计算能力。②在另一份美国白宫报告《大数据和隐私：从技术的视角》③就指出，大数据不仅仅指数据规模，还包括知识创造、数据驱动的决策以及数据分析支持的推理等。

因此，"大数据"的"大"包括两方面：首先是数据规模和种类的大型化、多样化和复杂化；其次是数据分析作出推理和结论的能力超越人类的计算能力。也就是说大数据依靠超级计算、机器学习和人工智能工具，在海量数据的基础上，具有了超越缺乏算法工具和其他计算设备辅助的人类的计算能力。④

那么谁又是大数据主要的推动者和使用者呢？互联网行业的元老戴夫·法伯（Dave Farber）认为，大数据最大的用户是企业和政府，但是两者的目的并不相同。企业通过大数据分析获得商业上有益的见解，而政府是为了发现公民参与可疑活动的证据和预测其是否会做出危险的行为。

---

① NSF-NIH Interagency Initiative, Core Techniques and Technologies for Advancing Big Data Science and Engineering（BIGDATA），https：//www.nsf.gov/pubs/2012/nsf12499/nsf12499.htm May 15，2017.

② The Big Data Conundrum：How to Define It?，*MIT Technology Review*，http：//www.technologyreview.com/view/519851/the-big-data-conundrum-how-to-define-it/，Oct.11，2017.

③ President's Council of Advisors on Science and Technology，Big Data and Privacy：A Technological Perspective. https：//obamawhitehouse.archives.gov/blog/2014/05/01/pcast_releases_report_big_data_and privacy. Feb. 26. 2017.

④ 比如维克托·迈尔-舍恩伯格（Viktor Mayer-Schönberger）和肯尼斯·库克耶（Kenneth Cukier）就认为，人工智能（更确切地说"机器学习"）虽然被认为属于计算机科学的分支，但是这种说法可能导致误解。大数据并不是让计算机学习人类的思考方式，而是将数据应用于大规模的数据运算，从而推导出概率。参见 Mayer-Schönberger, Viktor, Kenneth Cukier, *Big Data：A Revolution That Will Transform How We Live，Work，and Think*，Houghton Mifflin Harcourt，2013，pp.11—12.

鉴于大数据带来的变革潜力,迈尔·舍恩伯格(Mayer-Schönberger)等人认为,从小数据世界走向大数据世界可以称之为一种"革命"。①大数据革命使人类进入了信息社会或数字时代,标志着人类对数据和信息的认知和处理在方法论和哲学上的转变。正如戴娜·博伊德(Danah Boyd)和凯特·克劳福德(Kate Crawford)指出的,大数据创造了新的知识形式以及新的产生和感知知识的过程。了解大数据带来的革命性变化,有助于下文进一步分析大数据监控对法律制度和宪法基本权利带来的根本性影响。

(二) 大数据的监控能力

在讨论什么是大数据监控能力之前,有必要先讨论一下什么是监控(surveillance)?虽然"监控"一词的概念充满争议,但是我们可以从一系列具有相似特征和目的的行为来界定其概念。通过回顾大量有关"监控"的研究,戴维·里昂(David Lyon)在《监控研究》一书中总结认为,监控主要与权力相关,但也与人格有涉。里昂对"监控"进行了如下定义:聚焦性、目的性、系统性、常规性地关注个人事务,以对个人实施影响、管理、保护或指引。②2006年,英国信息专员组织了一个监控研究网络,发布了一个有关监控社会的报告。报告审查了英国日常生活中的监控活动以及可能会产生的影响,并对这些问题提出了监管的建议。报告认为,所有有目的的、常规的、系统的,关注到个人细节的,为了控制、赋权、管理、影响和保护的行为,都被认为是监控。③

---

① 在大数据出现之前,小数据并没有定义的必要,也没有有关小数据的统一定义。有一种理解认为,小数据是人类在没有超级计算能力协助下观察、触摸、分析和理解世界的方式。参见 Mayer-Schönberger, Viktor, Kenneth Cukier, *Big Data*: *A Revolution That Will Transform How We Live*, *Work*, *and Think*, Houghton Mifflin Harcourt, 2013, pp.17—18.

② David Lyon, *Surveillance Studies*: *An Overview*, Polity, 2007, p.14.

③ David Murakami Wood, Kirstie Ball, A Report on the Surveillance Society, https://ico.org.uk/media/about-the-ico/documents/1042388/surveillance-society-public-discussion-document-06.pdf, May 15, 2017.

罗杰·克拉克等人的研究认为，监控与多个维度的隐私相关联，他提出了五种隐私维度：个人隐私、通信隐私、数据隐私、行为隐私和经历隐私；九种隐私类型：身体隐私、空间隐私、通信隐私、专有隐私、智力隐私、决策隐私、社交隐私、行为隐私和信息隐私。在此基础上，克拉克和曼纳林（Manwaring）等人将监控与数据建立了联系，并将以数据为对象实施的监控活动分为以下几种类型。①物理监控：通过音频、图像或视频记录的数据与个人相关联；②通信监控：记录瞬时的通信，包括电子邮件中的日志与档案、电话窃听记录；消息元数据（比如电话的呼叫数据和通信运营商数据留存计划中的日志数据）；③活动监控：记录的闭路电视图像，诸如雇员和学生的电子活动的日志或行为记录；④位置监控：比如自动车牌识别（ANPR）系统、GPS 位置信息；⑤行为监控：比如网络搜索关键词、网页浏览记录、下载记录、浏览记录的数据；⑥身体监控：人体特征数据的记录，包括生物识别数据（指纹、虹膜、人脸、DNA等）能够识别和验证身份的数据，或者心率及其他人体传递的生理指标。①数据监控的大规模发展，使人们的日常生活都可以通过电子数据的形式进行记录和长期保存，由此，个人行为所记录留存的数据成为监控活动的主要对象。

（三）大数据监控

由于技术的限制，传统的刑事侦查和行政执法调查大多依赖于人的智力，包括人的感知分析和其他依赖于人的判断和决策的通信采集和分析方法，例如传统的刑事电子证据通常来自模拟数据和纸质文本、信号情报和通信拦截等传统的情报收集方式，以假设方法为核心的传统数据分析路径等。玛格丽特·胡（Margaret Hu）将传统监控方式称为"小数据监控"。②小数据

① Kayleen Manwaring，Roger Clarke，Surfing the Third Wave of Computing：A Framework for Research into eObjects，*Computer Law & Security Review*，31(5)，2015，pp.586—603.

② Margaret Hu，Small Data Surveillance v. Big Data Cybersurveillance，*Pepp. L. Rev.*，Vol.42，2014，pp.773—844.

监控并没有一个严格的定义,本书引入"小数据监控"概念主要是为了与新兴的以数据驱动、超级计算工具为特征的"大数据监控"作对比。非结构化的高速计算能力的提升,存储设备成本的降低,复杂数学算法的应用,以及人工智能的发展,计算机系统可以识别人们在通话、交流、电子邮件、消费活动等一系列活动中的行为模式,分析出恐怖分子或者犯罪分子的活动甚至预测其意图。一套汇集全球数据的大数据监控系统可以用以侦查恐怖组织网络,提供攻击预警,以及阻止大规模杀伤性武器的扩散①,也能够帮助政府更有针对性地提供个性化公共服务,提高公共管理和服务中的效率。

因此,本书将"大数据监控"定义为国家安全机关、刑事侦查机关和行政执法机关等权力机关在搜查和调查活动中,以大数据等超级计算工具为支撑,大规模、系统化、持续性地收集、存储、处理和控制个人数据,以搜查犯罪和违法活动的证据,对个人行为和社会风险实施预测,提供个性化公共管理和服务的活动。大数据监控社会则是通过大数据监控工具实现社会控制、管理和服务的社会。

二、大数据环境下美欧政府数据利用模式变化

信息社会的到来推动了大数据监控在美欧各国政府部门的普及应用,从个人数据的收集方式、利用理念、适用范围等方面,重新塑造了政府数据利用模式。

(一) 收集方式的变化

1. 美欧政府数据收集的全景化追求

当前,美国政府数据收集利用正处于从小数据向大数据的转变过程中。

---

① Executive Office of the President of United States, John Podesta. Big Data: Seizing Opportunities, Preserving Values, https://obamawhitehouse. archives. gov/sites/default/files/docs/20150204_Big_Data_Seizing_Opportunities_Preserving_Values_Memo.pdf, May 15, 2017.

大数据技术广泛应用于犯罪侦查、风险预警、执法监督、信用建设、人口信息管理等执法和社会治理各个领域。通过大规模、全景式地收集个人数据,政府可以构建风险预防、犯罪行为、人口发展的数据模型。一定程度上讲,大数据分析和大规模数据收集技术引发了政府收集一切数据的冲动。近年来,美欧国家密集出台了一系列推动大数据在政府执法和社会治理中应用的政策,全景化的数据收集成为政府执法和社会治理的重要手段。无论是政府宏观调控的决策支持、社会风险预警、公共管理和服务效率提升,还是打击和预防犯罪,都在积极推进数据的互联互通和高效利用。

以大数据在反恐和刑事犯罪调查中的应用为例,美欧国家的执法机关和情报机关在案件调查中,正积极地采用数据科学的逻辑和大数据决策原理,全景式地收集数据,以此勾画一般犯罪或恐怖活动的行为模式和特点,提高警务数据的分析处理能力,实现对犯罪的精准打击。2013年波士顿连环爆炸案[1]、以色列情报部门追踪哈马斯领导人[2]即是典型的案例。

大数据犯罪调查与传统的小数据犯罪调查在数据的收集和处理方式上有显著的区别。传统的犯罪调查中,数据收集是为了刑事调查机关深入分析特定的嫌疑人或恐怖分子。小数据纵向的调查本质是允许调查者从大量看似无关的数据中深入挖掘某个人在一定时间内的所有相关数据。而大数

---

[1]　2013年4月15日,美国波士顿马拉松爆炸案发生后,美国警方通过大数据技术快速分析了超过480 000张照片,寻找其中的异常行为,最终准确定位了嫌犯的位置,捕获了犯罪嫌疑人。IBM Center for the Business of Government, Five Examples of How Federal Agencies Use Big Data, http://www.businessofgovernment.org/BigData3Blog.html, July 8, 2017. 刘朝阳:《波士顿马拉松爆炸案的大数据难题》,http://www.ctocio.com/hotnews/12101.html,访问日期:2017年6月10日。

[2]　以色列情报部门追踪哈马斯领导人,也是通过搜集海量杂乱无序的视频文件、图片、文字和讲话,通过大数据技术挖掘分析与比对,提炼成有用的行动性情报线索,提交给高级别的情报分析员作出判断,最终由以色列军方采用这些情报来追踪和击杀哈马斯领导人。参见木春山:《巴黎恐怖袭击看以色列怎么反恐》,http://news.ifeng.com/a/20150109/42896130_0.shtm,访问日期:2017年6月10日。

据调查则通过全景式的数据收集,建立犯罪行为模型,实施数据挖掘比对而获得线索和情报,实现对罪犯的精准打击。

2. 借助私人监控实现政府数据监控能力扩张

在大数据监控社会中,公共和私人监控的关系盘根错节。一方面,监控不仅仅为政府所偏好,大大小小的私人企业通过收集、利用、出售个人数据赚取了巨额财富。通过大数据和人工智能技术对个人行为信息进行分析和预测并寻找获利机会已经成为当前最热门的商业模式。[①]这种个人数据的利用方式突破了"告知—许可"框架下的数据利用原则,用户数据不再仅仅用于提升服务品质,而是成为一种"行为剩余",最终转化为商业组织的实际利润。哈佛大学教授肖珊娜·朱伯夫(Shoshana Zuboff)将这种新的市场环境下的获利方式称为"监控资本主义"。[②]这也进一步印证了曼纽尔·卡斯特在《网络社会的兴起》中提出的"信息资本主义"的概念,即资本作为生产方式与信息主义作为发展方式的结盟:资本主义致力于利润最大化,那就是基于私人对于生产和流通工具的控制,产生不断增长的资本盈余。[③]资本逐利的天性引发了大规模数据获取的竞赛,为此,商业组织建立了强大的数据收集与监控能力,这种能力甚至为政府执法和情报部门所艳羡。[④]

---

① 比如最新的谷歌地图功能"驾驶模式"(Driving Mode)通过分析用户在过去一小时内的搜索记录、家庭或工作地址、历史行驶记录等信息,对用户的目的地进行预测并作出推荐。那些想要成为用户目的地的停车场、餐馆、商场将成为谷歌地图利润的来源。参见 Lisa Eadicicco, Google Maps' New Hidden Feature Could Be Very Useful, http://www.wsj.com/articles/google-maps-suggests-destination-145273096, Jan. 15, 2017。

② Shoshana Zuboff, The Secrets of Surveillance Capitalism, http://www.faz.net/aktuell/feuilleton/debatten/the-digital-debate/shoshana-zuboff-secrets-of-surveillance-capitalism-14103616.html, Jan. 15, 2017.

③ 夏铸九等译,社会科学文献出版社 2006 年版,第 85—103 页。

④ 罗伯特·奥哈罗(Robert O'Harrow)的《无处可藏》"No Place to Hide"一书中即描述了产业和政府在私人信息收集方面的合作。参见 Robert O'Harrow, No Place to Hide, Simon and Schuster, 2006, pp.245—265。

另一方面，企业数据收集和商业数据挖掘的行为是政府想获得的有关个人的偏好和行为的主要信息来源。①全球范围内恐怖主义活动的猖獗使大规模收集和分析公民数据得以正当化。为了有效应对风险，提高执法效率，欧美政府往往借助于商业机构的监控力量。政府和企业在监控、数据挖掘和信息分享方面快速建立了伙伴关系。一是通过立法对网络服务商课以数据留存、数据协助解密甚至数据本地化存储等义务，情报机构在网络服务商处安装"黑盒子"，对用户数据进行分析监控，对潜在的恐怖主义活动进行预测。比如美国《1994 年通信协助执法法案》（CALEA）要求电信服务商的通信设备在设计时就加入可以由政府根据合法授权或法院命令进行拦截或访问通信信息的渠道，并允许将拦截的信息传输给政府。②英国 2016 年通过的《调查权法》要求网络服务商记录每个用户的上网记录，并允许政府部门获取这些数据。此外，执法部门还有权根据需要要求网络服务商对用户加密数据进行解密。二是权力机关与商业组织合作共享数据以预防风险，提升执法效率。互联网的架构决定了在面对越来越猖獗的网络黑客攻击时，需要政府、企业和私人部门一起合作保护网络安全，以及在网络攻击发生之前实施预防措施，比如美国《2015 年网络安全法》鼓励私营部门与政府合作共享网络安全威胁信息，其中即包含大量用户个人信息。商业组织成为监控资本的主导者以及权力机关借助商业组织实现社会监控预示着"监控社会"的真正到来。

（二）数据利用理念的变化

大数据监控技术带来的根本性变革在于数据驱动知识的预测性特征。

---

① Fred H. Cate, Government Data Mining: The Need for a Legal Framework, *Harv. CR-CLL Rev.*, Vol.43, 2008, p.435, pp.440—444.

② Emily Hancock, *CALEA: Does One Size Still Fit All?*, *Cybercrime: Digital Cops in a Networked Environment*, New York University Press, 2007, pp.184—203.

杰克·巴尔金(Jack Balkin)认为,传统的执法模式侧重于事件发生后对不法行为者的起诉和采取刑事或民事制裁以预防未来的不法行为,而全面监控国家则通过预测技术进行威慑和预防,对起诉模式加以补充。①大数据监控区别于小数据监控的根本改变在于,大数据监控的数据收集是事前性的而非事后性的。事后的信息收集是有限的,仅关注特定的有需要进行监控的嫌疑人和事件。据此设计的刑事调查的程序也都是建立在事后追溯的逻辑基础之上。事前监控则是在事前即发现嫌疑人的可疑性,在嫌疑人行动之前进行识别和干预。关注重心从事后向事前的转移导致对数据分析的需求呈现指数级的增长。正如戴维·里昂(David Lyon)所言:"随着政治经济和社会技术环境的改变,监控方式也正经历变革。"②

2013年斯诺登曝光的美国国家安全局"棱镜"项目等一系列监控计划,即是"9·11事件"后美国政府利用大数据技术预防恐怖活动的重要举措。通过建立大数据监控平台,实现多源数据的分析和情报共享,构建危险分子的行为模式算法,揭示不同行为间的互动关系,从而预测恐怖分子的行动趋势。虽然有研究认为,政府无法说明其大数据项目是否真正阻止了恐怖事件的发生,但是普遍来说,各国政府都再三强调大数据监控在预防恐怖主义活动中有其必要性。

事后追溯转变为事先预防意味着数据需求大大增加。事后追溯需要的信息是有限的,集中在触发监控需要的特定的嫌疑人和事件上。事前监控则要求在人们成为嫌疑人之前,或者事件发生之前发现可疑并进行干预。实现该目标要求利用数据模拟现实,也就是说,大数据监控工具可能从根本上改变了

---

① Jack M. Balkin, The Constitution in the National Surveillance State, *Minn. L. Rev.*, Vol.93, 2008, pp.10—11.

② David Lyon, Surveillance, Snowden, and Big Data: Capacities, Consequences, Critique, *Big Data & Society*, 1(2), 2014, pp.1—13.

政府搜查和对待证据的方式。美国宪法学者认为，广泛的数据收集可能相当于美国立宪者在制定宪法第四修正案时所要制约的"一般搜查令"（General Warrant）。而通过大数据分析在事件发生之前假定谁可能实施犯罪或恐怖活动，从本质上说是一个概率问题。从统计上来说，预测可能是正确的，问题在于，这种预测缺乏严密的科学审查，缺乏权力制衡理念下的外部监督。

（三）大数据监控适用范围的变化

1. 从个别嫌疑人扩展至所有人

在小数据世界中，资源和技术限制了政府调查嫌疑人的范围。在大数据世界中，政府实施监控不再受到这些因素的制约。资源和技术的创新推动了全球性数亿人的大规模监控，每个参与电子通信的人都有可能受到调查，并对其进行数字画像。大数据预防犯罪和预防恐怖主义的举措通过统计驱动的证据实现合理化。

比如在大数据公共安全风险监控中，美国国家安全局和交通安全局使用"计算机辅助乘客筛选系统"，对所有乘客信息进行数据挖掘和对比匹配，可以实现对可疑人员和可疑情况进行预防处置，提高安全警戒与预防能力。[①]人脸识别作为新兴的人工智能技术是当前最具有规模化应用的技术。美国人工智能公司 Clearwater AI 通过从各大主流网站上抓取的 30 亿张图片数据设计人脸识别算法，为美国 600 多家执法部门提供人脸图像识别服务，协助其快速寻找犯罪嫌疑人。[②]根据卡内基国际和平基金会的研究报告

---

① 美国国家安全局和交通安全局的"计算机辅助乘客筛选系统"的运作机制是，将乘客购买机票时提供的姓名、联系地址、电话号码、出生日期等信息输入到商用数据库中，商用数据库则据此将隐含特殊危险等级的数字分值传送给交通安全局：绿色分值的乘客将接受正常筛选，黄色分值的乘客将接受额外筛选，红色分值的乘客将被禁止登机，且有可能受到法律强制性的关照。

② J. Fingas, Law Enforcement is Using a Facial Recognition App with Huge Privacy issueshttps://www. engadget. com/2020-01-18-law-enforcement-using-clearwater-ai-facial-recognition. html，访问日期：2021 年 3 月 22 日。

发现,在其所研究的全球 176 个国家和地区中,已有 75 个国家/地区使用 AI 监控。这些 AI 监控按用途分为三个大领域:智慧城市、面部识别系统及智慧警务。各领域的国家数量如下:智慧城市/安全城市领域 56 个、面部识别系统 64 个和智慧警务 52 个。①

然而,这种在公共场合持续实施的大数据监控,是否侵犯公民的隐私权,是否符合正当程序的要求存在疑问。与此同时,人工智能的算法系统中嵌入错误的认知以及人为的失误也可能会导致成千上万的人被错误地贴上嫌疑人的标签。②

2. 从打击犯罪拓展至公共服务

目前,政府数据监控早已从反恐和打击犯罪拓展至辅助政府公共服务决策和监管领域。大数据技术提供了个性化、精准化的服务,在降低公共服务成本方面显示出巨大的潜力。比如英国特许公共财政与会计学会(CIPFA)的反欺诈中心(Counter Fraud Centre)运营的伦敦反欺诈中心(London Counter Fraud Hub)能够为 32 个伦敦地方当局和伦敦金融城公司提供大数据分析、调查和救济服务。③新加坡国防科学技术局的风险评估与水平扫描系统(Risk Assessment and Horizon Scanning System,RAHS),广泛应用于恐怖袭击、疫情大暴发、食品安全领域的预警和风险识别④;日本

① Steven Feldstein, The Global Expansion of AI Surveillance, https://carnegieendowment.org/2019/09/17/global-expansion-of-ai-surveillance-pub-79847,访问日期:2021 年 1 月 20 日。
② Danielle Keats Citron, Technological Due Process, *Wash. U. L. Rev.* Vol.85, 2008, pp.1249, 1260—1261.
③ 参见新加坡国防科学技术局官网,https://www.dsta.gov.sg/latest-news/news-releases/news-releases-2007/risk-assessment-and-horizon-scanning-rahs-system-rahs-experimentation-centre, January 25, 2021。
④ World Bank Group, BigData in Action for Government, http://documents1.worldbank.org/curated/en/176511491287380986/pdf/114011-BRI-3-4-2017-11-49-44-WGSBigDataGovernment-Find.pdf,访问日期:2021 年 3 月 15 日。

的大数据防灾预警系统,通过将大数据技术与网络公开信息加以整合,为公众提供灾害预警与救助信息。纽约市建立了火灾防控大数据系统,通过建立产生火险的因素的相关算法(包括居民的平均收入、建筑物年龄、是否存在电气性能问题等)确定消防检查的优先秩序,针对性地进行检查。①

政府数据库海量数据的共享和汇集,一方面消除了信息孤岛的问题,提高了公共管理和服务中数据利用的效率和质量,可以为公民带来精准化、高效率的公共服务;另一方面,个人数据汇集和共享也带来个人生活的透明化和数据安全保障问题,比如哪些部门有权采集个人信息,个人信息使用目的如何限制,个人信息安全如何保障,部门间共享个人数据如何实施程序控制与风险评估等等。

第二节 宪法中的隐私权

一、隐私权的宪法渊源

"二战"结束以后,人权保障成为美欧国家宪法领域最重要的话题。隐私权作为一项基本权利得到了《世界人权宣言》《公民权利和政治权利国际公约》《欧洲人权公约》以及英国《人权法案》等诸多人权文件的确认和保护。即使在宪法文本中未明确提及的国家,隐私权也通过宪法判例、宪法解释等方式从其他条文中被引申出来。在诸多宪法研究论著中,隐私权被描述为文明社会中一项值得珍视的权利,其对民主社会的价值从未受到质疑。②

① 安晖:《美国大数据维稳镜鉴》,载《人民论坛》2014 年第 12 期,第 61—63 页。
② Daniel Solove, *Understanding Privacy*, Harvard University Press, 2008, pp.19—23.

本书根据《世界各国宪法文本汇编》系列丛书①和全球互联网自由（GILC）组织发布的《隐私与人权：隐私法与实践的国家调查报告》的数据以及网络资料整理发现，各国隐私权的宪法渊源主要通过以下三种方式得以证明。

一是一些国家在宪法条款中直接规定宪法隐私权，这大多是由于这些国家的立宪比较晚近，立宪者已经认识到隐私和个人信息在基本权利谱系中的重要位置。比如 1997 年生效的《南非宪法》以及 2012 年实施的《匈牙利宪法》，在公民基本权利部分都直接规定了访问和控制个人信息的特别权利。苏联解体后成立的独立共和国大多详细规定了隐私权和数据保护的权利内涵。②1950 年签署的《欧洲人权公约》第八条规定了隐私权，2000 年的《欧盟基本权利宪章》除了规定隐私权以外，还在全球范围内首次确立了"个人数据保护权"的基本权利地位。新修宪或新制定宪法和人权文件的国家和地区都通过明确的宪法规范的方式将隐私权明确为一项新兴基本权利，体现出宪法本身与宪政民主发展趋势的一致性。

二是从既有的宪法基本权利条款中解释出宪法未明示的隐私权。没有一个国家的宪法能够在制定的时候全面预见到将来人民所需的权利，基本权利内容总是与一个国家的政治、社会、经济以及文化发展相适应而无法超越。③因此，在未被列举的情形下，还可以从既有的宪法基本权利条款中揭示出宪法未明示的权利。尤其是对于住宅、通信秘密、家庭生活等几乎所有

---

① 参见朱福惠等编：《世界各国宪法文本汇编（美洲、大洋洲卷）》，厦门大学出版社 2015 年版；朱福惠等编：《世界各国宪法文本汇编（欧洲卷）》，厦门大学出版社 2013 年版；朱福惠等编：《世界各国宪法文本汇编（亚洲卷）》，厦门大学出版社 2012 年版。
② 王秀哲等：《我国隐私权的宪法保护研究》，法律出版社 2011 年版，第 118 页。
③ 姚岳绒：《论信息自决权作为一项基本权利在我国的证成》，载《政治与法律》2012 年第 4 期，第 72—83 页。

国家宪法中都有规定的基本权利,近代自由主义宪法对上述权利的保护通过有权机关的解释,已经扩展演变为现代隐私权保护的客体内容。即使不修改宪法,也可以通过宪法解释或判例,发挥出隐私权保护的威力。最为典型的例证是美国联邦最高法院在长期的违宪审查判决中,从美国宪法第一、第三、第四、第五、第九和第十修正案中解释出广泛的隐私权内涵。再比如印度宪法虽然没有直接规定隐私权,但是1996年印度最高法院根据印度宪法第二十一条"任何人不得剥夺他人的生命或个人自由,除非依照法律规定的程序"判决"窃听"严重侵犯个人隐私,即是从"个人自由权"中解释出隐私权。2017年8月,印度最高法院在对印度政府推行的"生物特征身份卡项目(Aadhaar)"的审查判决中,再次确认个人隐私权属于印度宪法保障的公民基本权利。[①]

三是从宪法的概括性条款中证明隐私权的存在,也就是从国家权力的限制范围、程序以及人民权利的保留条款中确认宪法中的隐私权。特别是许多国家在自由资本主义时期形成的权利保护文件或宪法文本并没有隐私权相关客体内容,比如1789年的法国《人权宣言》和1946年的法国宪法序言。但这并不意味着法国不保护隐私权。法国宪法第六十六条规定:"司法机关作为个人自由的保护人,保证依照法律规定的条件使此项原则获得遵守。"宪法第六十六条明确"人身自由"为法国宪法保护公民基本权利的一项宪法原则。法国宪法委员会于1993年通过决议,扩展了宪法"人身自由"的保障范围,将隐私权纳入宪法层面保护的权利,在1995年有关社会安全与计划法的违宪审查决议中,再一次确认隐私权为宪法所保障的基本权利。[②]

---

① Jon Russell：India's Supreme Court rules that privacy is a fundamental right for citizens，https://techcrunch.com/2017/08/24/indias-supreme-court-rules-that-privacy-is-a-fundamental-right-for-citizens/Sept. 20，2017.

② 姚岳绒:《论信息自决权作为一项基本权利在我国的证成》,载《政治与法律》2012年第4期,第72—83页。

我国台湾地区"宪法"第二十二条作为基本权利的概括性条款,大法官在解释中肯定隐私权对于人性尊严、个人主体性之维护及人格发展之完善的重要性,认为隐私权属于"宪法"第二十二条保护的基本权利。①

二、隐私权的权利内涵

界定隐私的概念和范围是所有论证的起点,然而要界定什么是隐私却并非易事。由于社会情境的不断变化,以及隐私具有的难以琢磨的主观性特征,很难达成一个明确统一的定义。②在一个多世纪的研究中,美欧国家的宪法学者们一直在为系统解析隐私权概念而努力。根据不同的定义,隐私体现了一系列的权利和价值,比如独处权、亲密权、人格权、自主权、信息自决权等等。③从隐私权理念的发展历程来看,主要经历了从自然法观念上的隐私理念,到消极的个人自由意义上的隐私权,再到积极的私人事务自主决定意义上的隐私权的演变。

(一) 自然法观念上的隐私

汉娜·阿伦特指出:"需要隐匿于私下的东西一直都是人类存在身体中的一部分,即一切与生命过程的必然性相关联。"④阿伦特将隐私作为人类本性的天然存在。然而,将隐私视为一种权利理念还是在自由资本主义思

---

① 台湾地区司法院释字第 585 号解释:"隐私权虽非宪法明文列举之权利,唯基于人性尊严与个人主体性之维护及人格发展之完整,并为保障个人生活秘密空间免于他人侵扰及个人资料之自主控制,隐私权乃不可或缺之基本权利,而受宪法第二十二条所保障。"参见叶俊荣:《2010 年宪法发展回顾》,载《台大法学论丛》2011 年第 40 卷 S 期,第 1625—1658 页。

② Christopher Kuner, et al., Privacy—An Elusive Concept, *International Data Privacy Law*, Vol.1, 2011, pp.141—142.

③ Christopher Kuner, An International Legal Framework for Data Protection: Issues and Prospects, *Computer Law & Security Review*, Vol.25, 2009, p.307, p.309.

④ [美]汉娜·阿伦特:《公共各领域和私人领域》,刘锋译,载汪晖、陈燕谷主编:《文化与公共性》,生活·读书·新知三联书店 1998 年版,第 101 页。

想出现以后。隐私理念最早出现在自由资本主义思想传播后建立的资本主义国家中。根据自由资本主义思想，私人财产确立了神圣不可侵犯的法律理念。通过限制政府权力对私人财产的干涉，个人可以躲进私人的城堡，实现私人事务隐秘而不受干涉。在此，隐私是指私人事务不被他人打扰和侵入，是一种对公共性的脱离①，隐私被视为个人自由的一部分。②这种私生活的自由权要求私人生活、私人住宅、私人关系等方面不受公权力的恣意干涉③，是一种对个人自由绝对的保护。

（二）个人生活自由意义上的隐私权

如果说早期隐私保护的理念主要还是建立在自然法的观念上④，那么对隐私权要求明确的规范性保护主张源自技术和社会的发展变化。沃伦和布兰代斯 1890 年在《哈佛法律评论》上撰写的《隐私权》一文也是源自 19 世纪末照相技术和新闻媒体的发展。他们对隐私权的理解，脱离了传统财产权的基础，而是将隐私权视为建立在人格权基础上的一种权利。他们认为，每个人都有一种免受侵犯的人格权，因此，个人应当有权保护其家庭不受侵犯，信息不被非法收集。在沃伦和布兰代斯看来，隐私是法律为适应技术和社会变革而进行的调整，"政治、社会和经济发展需要承认新的权利，普通法在永恒的青春中成长，以满足社会的新要求"⑤。他们将隐私描述为"不受干扰的权利"。他们认为，"不是反对盗窃和物理占有，而是反对以任何形式出版的个人作品的保护原则，实际上不是私有财产的原则，而是保护人格权的一种原则"。"这种'原则'可以援引用来保护个人的隐私权不受侵犯，无

① 王秀哲等：《我国隐私权的宪法保护》，法律出版社 2011 年版，第 18 页。
② 周伟：《宪法基本权利：原理·规范·应用》，法律出版社 2006 年版，第 132 页。
③ 葛虹：《日本宪法隐私权的理论与实践》，载《政治与法律》2010 年第 8 期，第 139—146 页。
④ 也有学者认为，1789 年法国《人权宣言》确定的个人自由已经包含了隐私权。
⑤ ［美］路易斯 D. 布兰代斯等：《隐私权》，宦盛奎译，北京大学出版社 2014 年版，第 17—18 页。

论侵犯是来自汲汲于利的出版业、摄影师或者是其他拥有录制、再现影像或声音的现代化装备的人。"①换言之,沃伦和布兰代斯将隐私设想为保障个人保有内心安全的权利(保护"他的思想、观点和情感")。尼尔·理查德(Neil Richard)和丹尼尔·萨勒夫(Daniel Solove)认为,这一有关隐私权的理论解释,受到了当时大陆法系人格权理论发展的影响。虽然此时隐私权已经开始从财产权背后独立出来,但是其整体的价值取向还是回归"隐"的努力②,是用来区分公共生活和私生活的界限。它意味着个人与权力之间的消极关系,即某些范围的个人行为、思想、观点和情感不被干涉或者不受侵犯。

(三) 个人在公共生活中的自主决定意义上的隐私权

随着信息技术的出现以及福利国家和规制国家的兴起,政府权力实现了大规模扩张,政府承担了大量公共管理和生存照顾的责任。在现代社会中,人们不得不交出隐私以换取社会生活的有序运转。尤其是信息技术的出现,使信息监控成为重要的政府权力行使手段。个人存在的痕迹不断被信息化,而信息成为社会生活必不可少的基础和纽带。③吉登斯认为,现代国家的监控运作,在某些方面是公民权利实现所不可缺少的;然而,监控的扩大又将千辛万苦赢来的权利置于威胁之下。④政府信息监控的兴起推动了隐私权的价值和地位的真正凸显。人们对隐私的期待远远超出了保持个人生活私密性的需求,而是希望能够按照个人喜欢的方式在公共社会中生活。⑤由

---

① [美]路易斯 D.布兰代斯等:《隐私权》,宦盛奎译,北京大学出版社 2014 年版,第 17—18 页。
② 王秀哲等:《我国隐私权的宪法保护》,法律出版社 2011 年版,第 18 页。
③ 同上书,第 23 页。
④ [英]吉登斯:《现代性与自我认同》,赵旭东、方文译,生活·读书·新知三联书店 1998 年版,第 78—83 页。
⑤ [美]弗里德曼:《选择的共和国——法律、权威与文化》,高鸿钧等译,清华大学出版社 2005 年版,第 212—220 页。

此,现代隐私权的核心内容不再是个人生活的自由和隐匿,而是私人事务在公共生活中的自主决定。特别是对抗政府公权力的个人自主决定性成为隐私观念的当代内容,这是适应信息社会个人隐私保护的必然结果。①

隐私权从私生活的自由权到私人事务在公共生活中的自主决定的衍变,凸显出隐私权在个体性与公共性的冲突与融合中所扮演的重要角色。早期以"隐匿"为特征的私人生活"不受公共权力干扰的权利"(right to be let alone)在现代信息社会中已难以实现。现代隐私权主张权力机关必须尊重和保护私人生活的自主性。这是现代社会基本权利意义上的隐私权的最主要特征。在现代社会个体无法完全摆脱公共生活的背景下,维护个体独立性就体现在个人自主决定在公共生活中的个人事务之上。为了维护现代社会多元价值体系和平衡权利(力)冲突,隐私权要在维护个体独立性和社会公共性两方面发挥作用,以保障个体在公共生活中保持可进可退,自主决定个人事务。近年来,在大规模的个人数据监控的背景下,个人的独立性和自主性表现为对数字化身份和个人行为数字化记录权力实施控制的要求,甚至衍化出个人身份匿名权,个人信息删除权等个人信息权的下位概念。

三、隐私权的客体内容

隐私权客体内容的确定是该项权利保护的基础条件。科学技术的进步推动了隐私权客体内容的演变和拓展,也推动了隐私权保护理念的变化。

（一）传统隐私权客体保护范围的扩张

"风能进,雨能进,国王不能进","一个人的住宅就是他的城堡",这两句西方经典的谚语从保护财产权神圣不可侵犯的角度凸显出私密空间受保护

① 王秀哲等:《我国隐私权的宪法保护》,第23页。

的重要性。早期的隐私权保护依附于住宅财产权,将住宅视为隔绝公共领域的私人空间,通过对住宅财产权的保护间接实现对隐私权的保护。美国早期的隐私权保护就是从财产权角度出发,禁止物理入侵个人的住宅和私密空间。保护通信秘密也是各国宪法文本中得到普遍确认的基本权利。在通信主要依靠书信的年代,对通信秘密的保护也同样依附于财产权之上,即对信件本身实施保护。在前信息化时代,国家侦查犯罪的手段相对单一和有限,部分隐私权可以经由住宅权、财产权等传统权利获得保护。此外,私生活和家庭也是受隐私权传统保护的客体内容。私生活隐私表现为个人对自我生活的选择权和决定权,而家庭生活的隐私则是个人隐私的自然延伸。①

随着监控技术能力的提升,政府无须物理侵入住宅即可实现对个人的监控和犯罪活动的侦查。比如红外热像仪可以在室外探测室内人的活动,电话搭线监听也无需物理入侵室内。以通信隐私权保护为例,现代社会通信技术迅猛发展,电话、电报、电子邮件、即时通信等各种通信工具层出不穷,对通信的拦截和监听也不再仅仅是安装物理的窃听设备。在通信应用程序和网络设备上安装木马、设置后门、网络攻击等各种虚拟的手段即可实现通信的监控。如果仍旧按照传统的财产权保护方法,将对住宅和通信设备的物理入侵视为是否干预隐私权的判断标准,那么新的技术手段对公民隐私权的干预就无法实现救济。此外,依据传统通信手段区分的通信内容和通信元数据,在大数据监控下愈来愈难以区分,传统的通信秘密保护无法抵挡通信的多样化发展,信息交流中的自主决定性和自我控制性成为通信

---

① 《世界人权宣言》第 12 条规定:"对任何人的私生活、家庭、住宅和通信不得任意干涉,对他的荣誉和名誉不得加以攻击。人人有权享受法律保护,以免受这种干涉或攻击。"《公民权利和政治权利国际公约》《欧洲人权公约》《美洲人权公约》也作了类似规定。参见王秀哲等:《我国隐私权的宪法保护研究》,第 28—30 页。

隐私保护的重点。

(二) 数据监控社会的到来推动个人信息进入隐私权客体

将个人信息作为基本权利来保护始于《欧洲基本权利宪章》。在此之后,数据保护与隐私权在基本权利谱系中的关系引发了诸多探讨。本书认为,个人信息是宪法隐私权的重要客体,基于以下理由:

首先,信息社会的隐私权保护要求实现个人信息自决。有些学者认为,个人信息和个人隐私之间存在交叉,只有部分敏感的个人信息涉及隐私,因此不能将个人信息的保护限于个人隐私保护,而是应当采用一般人格利益保护个人信息。[①]这种观点仍然建立在对传统的消极地不受侵扰的隐私权的认识之上,即以"隐秘性"来认识隐私权。按照这种观点,个人信息披露给他人即不再享有合理隐私期待,显然早已不符合信息社会对隐私保护的要求。个人信息的隐私保护要求在交出个人信息之后,对个人信息的存储和利用的过程加以规范,保证个人对信息的知情权和控制权,也即德国宪法法院提出的"个人信息自决权"。

其次,信息技术的广泛应用和数据挖掘能力的提升使个人数字画像反映个人隐私信息。信息社会的到来使人类的通信联络、日常行为、行踪轨迹、言行思想等等,都通过数字信息加以记录和保存。数据挖掘和算法的运用,使碎片化的海量个人信息可以分析出个人的偏好、思想以及其他不愿为人所知的秘密。将个人数据作为宪法隐私权保护的重要客体是信息技术推动的结果。

最后,在实施常规化、目的性、系统性、全景化的大数据监控社会中,不

---

① 参见齐爱明:《拯救信息社会中的人格:个人信息保护法总论》,北京大学出版社 2009 年版,第 26—36 页;蒋坡主编:《个人数据信息的法律保护》,中国政法大学出版社 2008 年版,第 6—8 页。

管是通信隐私、信息隐私、身体隐私还是空间隐私,都电子化为可记录、存储和分析的数据。当前无论是个人数据独立价值的支持者还是反对者,基本都基于一个共同的视角,即主要通过隐私权来构建个人数据保护的理论。①在个人生活数字化的时代,隐私也数据化为特定的个人数据。姚岳绒老师曾在其博士论文《宪法视野中的个人信息保护》中提出,个人信息与隐私保护这两个概念只是欧美基于不同的法律文化和用语习惯导致的差异。当然,从规范角度来说,在欧盟的法律框架之下,个人数据保护获得了基本权利的地位。②目前所讨论的个人数据保护规则所保护的其他价值,比如保护个人免受歧视,也可以从隐私权的中介价值角度进行探讨,其保护个人免受歧视最终目的也是为了保护人格的完整和自主性。比如在欧盟《一般数据保护条例》中,体现种族/民族、政治观点、宗教信仰、性倾向、健康、生物识别、DNA 等信息的个人数据及处理在原则上是受到限制的。这是因为处理这些敏感数据可能对数据主体产生歧视,另一方面也因为这些信息具有隐私价值。

---

① Maria Tzanou, *The Fundamental Right to Data Protection*：*Normative Value in the Context of Counter-Terrorism Surveillance*，Bloomsbury Publishing，2017，p.35.

② Maria Tzanou, Data Protection as a Fundamental Right Next to Privacy? "Reconstructing" a Not So New Right, *International Data Privacy Law*，Vol.3，2013，p.88.

第二章
大数据监控社会中隐私权面临新风险

技术发展和社会变迁一直在推动隐私权理论的发展,而大数据监控则对隐私权提出了新的挑战。政府和个人在数据能力上的失衡危及利益平衡理论的基础;信息社会环境下公私界限的模糊颠覆传统的隐私合理期待理论;以风险预防为主要理念的个人数据应用可能违背宪法正当程序原则;隐私权需要从实体权利、程序控制等方面应对大数据监控社会带来的挑战。

第一节　隐私权实体权利面临消解的风险

一、个人与权力机关之间信息力量严重失衡

美国宪法学者杰克·巴尔金在其论文《大数据时代机器人的三大定律》中提出,权力/利不对称和信息不对称是算法社会的核心特征,这种不对称发生在算法社会中的公私统治者和被统治者之间。①自德国宪法法院提出

---

① See Jack M. Balkin, The Three Laws of Robotics in the Age of Big Data, *Ohio State Law Journal*, Vol.78, 2017. 巴尔金提出的"算法社会"是指社会经济决策由算法、机器人和人工智能作出并实施的社会。机器人、人工智能仅仅是算法社会应用的一些实例。

"信息自决权"以来,世界各国普遍承认,信息社会中的隐私保护通过"信息自决"这一概念得以促进自由、自主、自决的个人价值和社会政治理想的实现。许多国家在制定本国的个人数据保护制度时,始终致力于应对数据主体和数据控制者之间的信息力量失衡的问题,主要表现为:一是个人数据保护的范围从保护"亲密和敏感数据为中心"扩大至几乎所有与个人相关的信息。这一点从以欧盟为代表的国家和地区在"个人数据"概念范围上的扩张可以看出。个人数据被定义为"已识别或可识别特定自然人的信息",而大数据技术的发展使数据控制者识别个人身份的能力大大提升,这也进一步扩展了"个人数据"的概念范围。二是增加了一系列数据主体的新权利。包括"访问权""修正权""删除权"等等,通过建立"告知—同意"规则,允许数据主体更好地控制个人数据的使用和传播,特别是要求数据处理确保公平、合法和安全。然而,大数据监控的广泛应用使公私双方的信息力量再次失衡。

首先,信息不对称是当前个人与权力机关之间在个人信息收集与处理中的突出矛盾。在大数据监控社会中,数据主体与记录者/占有者处于分离的状态,即数据主体非但不占有个人数据,连接触、支配自己的数据也很困难,数据主体难以准确地知晓数据使用的范围、目的、时限以及数据处理的必要性。与此同时,权力机关却能够根据自动化的数据处理结果作出对个人权益有影响的决定,比如为信用不良者贴上标签,创建犯罪高发地区热点图和时间表,第一时间追踪可能的犯罪嫌疑人。此外,情报领域的数据监控通常是秘密进行的,是干预个人隐私的最为幽暗的领域。美国政府的大规模元数据监控项目也是由斯诺登冒着生命威胁从内部爆料才为世人所知。

其次,私人监控与公共监控的密切合作加剧了公私信息权利/力不对称。大数据时代,私人部门特别是互联网企业的商业模式就是建构在个人数据的大规模收集、分析和利用上。在朱伯夫教授所提出的"监控资本主义"的逻辑下,监控资本要求企业收集和分析尽可能多的个人信息,以进行用户数据画像、广告营销。由于宪法并不能规范私主体之间的行为,个人和企业之间有关隐私保护的关系主要通过民法来调整。互联网企业大都通过一揽子用户授权协议,获得用户的"同意"。私人监控能力的增强提高了政府借助私人监控实现社会监控的动力,要求网络运营者承担提供技术接口、用户数据、协助解密等法律义务成为当前各国数据监控立法中的热点。

最后,个人和权力机关之间技术能力严重不对称。权力机关利用自身可以调动的资源,采用了大量新兴的监控技术及数据收集、处理和分析技术。以个人数据存储为例,长期以来,大多数的隐私保护都依靠人们记忆的消退,也就是遗忘。如果人们表现出不同寻常或者令人尴尬的行为,或者在公共场合进行政治抗议,最有效的保护方式可能是大多数人并不知晓他们的身份,并且某人在特定时间和场合做了些什么很快会被遗忘。但是遍布各处的摄像机、人脸识别系统和位置追踪系统使政府可以持续纪录在特定位置的个人行为,并与不同时间和地点的纪录进行整合。这种事件整合和分析使公共部门创造了个人的行为轨迹,并且更加容易追踪和预测人们的行为。数字存储成本的降低,使数字记录能够长期保存并复制和分发至全国甚至全球范围内的监控系统,非数字信息也可快速转化为数字信息进行存储。普通民众无法再假设,随着时间的推移,人们的行为会被自然遗忘,相反,个人数据长久持续地存储和聚合,形成了完整的个人数字画像①,而隐私保护最重要的方式——遗忘,很快成为一种过去时。大数据监控国家

---

① 司法部要求有关互联网企业保留其用户的网络浏览记录和电子邮件记录 2 年。See Saul Hansell, U.S. Wants Internet Companies to Keep Web-Surfing Records, http://www.nytimes.com/2006/06/02/washington/02records.html, Sept. 25, 2017。

成为了永不遗忘的国家。

二、监控技术的发展颠覆了隐私合理期待的理论基础

在前信息社会时代,美国宪法上提出的隐私合理期待理论的出现为合理划分公私界限确立了社会普遍接受的标准。在隐私合理期待理论的基础上,美国司法界确立了公共空间、第三方原则、非内容数据(元数据)作为隐私合理期待的例外,为执法机关干预私人生活划定了范围,使安全利益和隐私利益达到了动态的平衡。隐私合理期待理论也在许多国家得到了理论和实践上的认可。

然而,监控技术的大规模发展和应用颠覆了隐私合理期待理论在物理世界中所具有的正当性。公共空间与私人空间、个人数据与第三方数据、内容数据与元数据的分界,在保护公民隐私权时理论上显得捉襟见肘。"棱镜门"事件曝光了美国国家安全局通过网络和通信服务商获取公民海量元数据,这使人们意识到,常态性、大规模的海量元数据监控将对隐私造成不可逆转的侵蚀。而欧盟法院对"元数据留存"规则的审查,也提示人们在大数据环境下,隐私权的内涵和外延面临解构的风险。云计算的大规模商用使个人数据和隐私不再仅仅存在于个人的抽屉之中,云服务商如何承担个人隐私守门员的角色也成为当前网络服务商和执法机构的热点话题。

第二节　隐私权程序控制面临失当的风险

传统的执法模式都是在行政和刑事违法事实和威胁发生后采取行政行为和刑事侦查行为,搜查证据,起诉处罚违法者,并阻止未来的错误行为。

为保证公民的基本权利,"正当程序原则"在其中发挥了规范国家公权力行为的作用,成为各国普遍遵循的宪法原则。美国大法官弗兰克·弗特曾有一句广为人知的名言,即"自由的历史,在很大程度上,就是奉行程序保障的历史"。这虽然是针对美国宪法正当法律程序条款的广泛内涵以及特殊地位而言,但也的确反映出程序保障对人权保障的重要功能。①

以刑事调查程序为例,执法机关实施刑事调查的前提是,警察在对包括隐私权在内的个人权利实施限制之前,已经形成了某种合理的确信,也就是嫌疑人确实与某犯罪行为有牵连②,这是一种事后性的调查。为保护公民的隐私权,"正当程序原则"在其中发挥了规范国家公权力运行的作用,是各国普遍遵循的宪法原则。然而,以风险预防为主旨的大数据监控对隐私权的干预,存在极大地违反正当程序的可能性。

首先,执法机关为了打击恐怖主义和严重犯罪活动使用了大量非物理性、非接触性的秘密监控手段,比如利用操作系统或应用程序漏洞实施监控、植入病毒/木马监控、移动定位追踪技术、网络流量包拦截等等。秘密监控措施由于程序不透明性,被监控者无从知晓,难以受到有效监督,更存在救济的困境。其次,大数据监控的对象是无差别、全方位的。这种数据搜查方式类似于美国立宪者在制定宪法第四修正案时所要制约的一般搜查令(general warrant)。③要实现有效的风险预测,公共部门需要收集尽可能多且全面的个人数据。更重要的是,政府使用大数据等数据挖掘技术,记录的是完全无辜者的行为,每个人都无法逃脱这些数字化的记录。第三,大数据

---

① 韩大元、林来梵、郑贤君:《宪法学专题研究》,中国人民大学出版社2004年版,第354页。
② 王芳:《美国政治自由主义的回撤——基于美国宪法第四修正案隐私权抗辩诉讼数据的分析》,载《文史哲》2017年第4期,第155—164、168页。
③ Daniel J. Solove, Data Mining and the Security-Liberty Debate, *The University of Chicago Law Review*, 75(1), 2008, pp.343—362.

监控的适用范围没有明确界限。在大数据监控社会中,一旦政府获取了强大的监控和数据分析技术能力,出于提升效率的内在动力,政府很有可能将这些技术应用于日常的执法和政府公共服务中。监控技术越是强大,政府就更有内在动力推广监控技术的扩张性使用,绕过授权要求和其他程序性障碍,更有效率地在损害发生之前抓住麻烦制造者。

第三章
美欧国家宪法隐私权的理论演进

　　进入 21 世纪以来,信息技术的迅猛发展推动了信息社会的构建,对宪法价值观构成了严峻的挑战。从言论自由到隐私权,从自由和个人自主到反对自证其罪的权利,美欧国家宪法中构建的基本原则正遭遇几十年前无法想象的技术进步的压力。①美欧国家宪法隐私权理论的发展也一直与技术进步和社会变迁深深交织在一起。大量的学术研究文献显示,隐私的规范性概念始终跟随着新兴信息技术的发展而变化。②大数据时代的到来颠覆了政府收集和利用个人数据的理念和方式,信息经济的崛起孕育了以数据为核心的经济社会发展模式。这种技术进步和社会变迁带来了一系列新的隐私威胁,从而对宪法隐私权的价值定位和功能塑造提出新的挑战。

---

① Rosen,Jeffrey,Benjamin Wittes,*Constitution 3.0*:*Freedom and Technological Change*,Brookings Institution Press,2011,pp.78—81.
② See Daniel J. Solove,Paul M. Schwartz,*Information Privacy Law*,Wolters Kluwer Law & Business,2014;David Vincent,*Privacy*:*A Short History*,John Wiley & Sons,2016;Daniel J. Solove,*A Brief History of Information Privacy Law*,*Proskauer on privacy*,GW Law Faculty Publication & Other Works,PLI,2006.

第一节 技术演进和社会变迁下隐私权的理论发展

关于隐私的争论几乎总是围绕着新技术的演进而展开。当前美欧国家政府广泛应用的一系列信息技术和生物技术，比如遗传和生物识别技术、脑成像、无人机、可穿戴设备和传感器、社交网络、智能手机、闭路电视、物联网、大数据等形成了对隐私权更为侵入性的干预措施。以个人数据为核心构建的互联网商业模式的成功，推动了私人监控的发展，成为与"老大哥"（big brother）相对的"小大哥"（little brother）。对于新技术的大量涌现及其对隐私权的影响存在两种截然相反的观点，第一种观点是，在信息社会中，隐私是一种过时的，妨碍政府执法和管理效率的概念，我们应该适应这样的新世界。如果没有监控和对个人隐私的种种干预措施，政府为了应对恐怖主义等风险，可能会实施更为侵害个人自由的行为。①另一种观点是，在大数据监控社会中，宪法隐私权面临比以往更为严峻的威胁，但是对自由和民主的价值也更为凸显。

一、新兴技术对隐私权干预措施的重塑

（一）自动化数据处理和预测性算法存在干预隐私权的主观意图

一些大数据监控的支持者认为，尽管大数据监控涉及许多宪法权利，但是数据挖掘和处理往往处于宪法原则的缝隙之间。比如美国的理查德·波斯纳（Richard Posner）法官就认为，通过电子手段收集大量的个人数据并不

---

① William J. Stuntz, Secret Service: Against Privacy and Transparency, *New Republic 12*, Apr 17, 2006.

会侵犯隐私。因为这一过程是由计算机来操作的，是一种自动化的数据处理。这种数据筛选由计算机这种非知觉性的存在进行，并不是由执法人员控制，因此并没有涉及隐私侵权。①哈佛大学的威廉·斯顿茨（William Stuntz）教授也认为，自动化的数据收集和处理不涉及隐私问题，问题的关键在于个人数据的披露和使用。②这种观点认为自动化的数据处理是一种中立的计算机决策，不涉及人为的判断。而这种中立决策有助于消除偏见和歧视，比基于人的偏见和主观判断对平等原则的保护要更为优越。

在大数据监控活动中，政府运用大数据挖掘、机器学习和人工智能等信息技术对大规模个人数据进行收集和处理，构建"个人数字画像"③，通过对广泛人群的行为进行评价和对照，找出恐怖分子嫌疑人。这种个人数据的挖掘和处理是否真的不涉及人为因素呢？事实上，不管是对恐怖分子行为算法的设计，还是个人画像的对照和评价都包含着人为的假设。算法集成输出的结果都是建立在历史和现实的大量个人数据基础上，并且包含了系统设计者本身的意图。④因此，难以说自动化的个人数据处理因为不存在人为干预而与隐私无涉。

（二）大规模、无差别的数据监控构成新型的搜查

在追踪犯罪的大数据监控中，情报部门和刑事侦查部门通过授权获得

---

① See Richard A. Posner, Our Domestic Intelligence Crisis, *Wash Post*, Dec. 21, 2005, A31; Richard A. Posner, Privacy, Surveillance, and Law, *University of Chicago Law Review* 75(1), 2008, pp.45—260. Richard A. Posner, Privacy is Overrated, *New York Daily News*, April 28, 2013.

② William J. Stuntz, Secret Service: Against Privacy and Transparency, *New Republic 12*, Apr. 17, 2006.

③ 丹尼尔·萨勒夫教授将其称为个人"数字档案"（digital dossiers），See Daniel J. Solove, *The Digital Person: Technology and Privacy in the Information Age*, NYU Press, 2004, p.1。

④ See Clifford Lynch: Stewardship in the "Age of Algorithms", First Monday, 4 December, 2017.

的监控权不仅仅适用于目标监控对象,还能实现对其社会关系网络中其他人的监控。[①]比如根据美国《外国情报监控法》,美国国家安全局对外国公民的监控范围也包括了与其通信的美国人。在被广为诟病的大规模元数据监控中,侦查机构通过监控元数据,比如流量数据,自动系统日志,可以建立被监控者的社会关系网络图,发现琐碎事件中的重要联系。

更重要的是,执法部门利用大数据等数据挖掘技术,记录的是完全无辜者的行为,每个人都无法逃脱这些数字化的记录。比如利用大数据进行网络犯罪预防,即是执法部门运用自动化工具持续监控网络环境,将用户的风险画像与动态犯罪行为识别模式相匹配。以往的网络犯罪模式被编码为"犯罪签名",应用这些"签名"与大众用户的行为作对比,发现异常行为或偏离"正常"的行为。在公共服务领域,政府机构利用内外部整合的数据库,对信用不良或有欺诈嫌疑的人进行数据画像,否决他们获得福利、服务等机会。美国政府实施的"安全飞行筛查项目",通过收集乘客的信息并创建画像,试图阻止危险人物登机。[②]人们所有的社会生活和私密生活行为都被持续地追踪,包括地理位置、通讯联系人、消费选择、指纹、DNA 等等。

刑事调查的合宪性逻辑是建立在对搜查行为的对象存在合理怀疑的基础上的,也就是相信通过搜查可以找到犯罪证据。而政府所实施的大规模通信元数据的留存和分析,并不事先存在合理怀疑的对象,这是一种持续性的拉网式搜查。[③]在 2012 年美国诉琼斯(United States v. Jones)案中,美国联邦最高法院一定程度上确认了持续性、拉网式搜查的隐私侵权性。阿托

---

① See Eric Lichtblau, F.B.I. Data Mining Reached Beyond Initial Targets, *N.Y. TIMES*, Sept. 9, 2007, A1.

② Transportation Security Administration(TSA): Frequently Asked Questions, http://www.tsa. gov/research/privacy/faqs.shtm, Feb. 25, 2017.

③ 田芳:《技术侦查措施合宪性审查中的动态平衡保障理论》,载《比较法研究》2015 年第 1 期,第 110—123 页。

利大法官在协同意见中提出,对一辆汽车实施为期 28 天的位置跟踪超出了传统情况下人们对于隐私的合理期待,构成了搜查。需要对这种在公共领域实施的不间断拉网式搜查进行限制,以平衡执法权和公民隐私权。发表协同意见的索托马约尔大法官也认为,长时间的监控对隐私合理期待产生冲击。①

现代社会中,公共部门和私人部门越来越注重观察和评价公民个体的行为和思想,以此控制其思想,规范其行为,使其温顺听话。②这即是福柯在《规训与惩罚》中提出的"规训社会"的理念。如今,大数据监控社会已经超越了福柯所勾画的模型。公共部门最重要的控制技术不再是现实世界中的秘密观察,而是通过多源数据的分析,悄无声息地实现对个体全方位的监控。不管是美国情报部门实施的海量通信元数据监控还是欧盟成员国正在实施的"通信元数据留存"要求,针对的都是不特定的、广泛的人群。这种数据的处理类似于美国宪法起草者最初在制定宪法第四修正案所希望制约的被称为"一般搜查令"(General Warrant)的政府特权。

(三)非物理性、非接触性的监控加剧干预的秘密化

信息系统及其环境的设计实施所难以避免的缺陷和弱点,构成了当前网络环境下广泛存在的漏洞。③据媒体报道,美国国家安全局掌握了数以万计的零日漏洞④,并将其视为国家战略性资源,用以实施网络攻击和全球性的秘密监听。英国政府通信总部运作的"时代计划",通过对北美洲跨大西

---

① United States v. Jones, 565 U.S. 400(2012).

② 参见[法]米歇尔·福柯:《规训与惩罚》,刘北成、杨远婴译,生活·读书·新知三联书店 2007 年版。

③ 黄道丽:《网络安全漏洞披露规则及其体系设计》,载《暨南学报(哲学社会科学版)》2018 年第 1 期,第 94—106 页。

④ 金姆·策特:《倒数至零:震网和世界第一台数字武器》,载安全牛,http://www.aqniu.com/industry/10143.html,访问日期:2017 年 10 月 3 日。

洋光纤的上岸处装设拦截器，实现信息监听。①德国政府也批准使用木马病毒监控可疑公民。②在信息社会环境下，犯罪分子借助信息技术实施的犯罪更具有隐蔽性和非实体性，而执法机关为了打击犯罪也大量使用了非物理性、非接触性的监控技术以发现犯罪证据。现代闭路系统形成的"天网"、利用操作系统或应用程序漏洞实施监控、植入病毒/木马监控、移动定位追踪技术、网络流量包拦截等等，这些技术手段无需进入公民的房屋、接触公民的身体即可实施，且常常采用秘密方式实施，难以被公民所察觉。网络空间的互联性、全球性、渗透性等特征，使大量非物理性、非接触性的秘密监控手段甚至可以在全球范围内发挥作用。

从美欧国家的秘密监控实践来看，以国家安全和外国情报获取为理由对涉及本国公民和外国人之间的通信往来实施窃听和通信拦截往往缺乏制约。以美国外国情报监控为例，《外国情报监控法》（FISA）第 702 条款授权美国情报机关获取通信一方当事人是美国人的通信内容时，需要司法部长向"外国情报监控法庭"（FISC）申请获取通信监控的授权命令。美国国家情报主任办公室发布的《2016 年国家安全机关透明度统计报告》显示，2016年，美国外国情报监控法庭（FISC）依据"合理理由"颁发的授权许可达到了1 559 个，涉及 1 687 个目标（其中 336 人为美国公民），而授权通过网络实施监控涉及的人数则不断攀升，2016 年达到了 106 496 人。③通过司法审查监

---

① Ewen MacAskill, Julian Borger, Nick Hopkins, Nick Davies, James Ball, GCHQ Taps Fibre-optic Cables for Secret Access to World's Communications, *The Guardian*, Friday 21 June 2013.

② 箫雨:《德国政府批准使用木马病毒监控可疑公民》,凤凰科技, http://tech.ifeng.com/a/20160224/41554942_0.shtml,访问日期 2017 年 3 月 4 日。

③ ODNI: Statistical Transparency Report Regarding Use of National Security Authorities—Annual Statistics for Calendar Year 2016, https://icontherecord.tumblr.com/post/160232837098/statistical-transparency-report-regarding-use-of, May. 2, 2017.

督政府秘密情报监控活动收效甚微。与此同时,根据《第 12333 号美国总统行政命令》(EO12333),在没有司法授权的情况下,情报机构也可获取通信内容。

通过网络实施的新型秘密监控,往往因缺乏透明度而难以受到外部和公众的监督。即使像美国这样建立了司法监督程序,但是对目的正当性和实施监控的合理理由的审查也缺少实质性的制约,至于个人隐私权的救济就更难实现了。

二、新型社会形态对隐私权内涵的重塑

(一) 公私合作监控下个人隐私合理期待理论危机

美国联邦最高法院在"卡兹诉美国"(Katz v. United States)一案中确立了影响深远的"隐私合理期待"理论,并得到了许多国家理论界和实践部门的认可。比如欧洲人权法院也在判决中适用了"隐私合理期待理论",分析行为人是否侵犯他人的隐私权。该理论认为,如果公民对其被政府执法人员搜查或者扣押的场所或财物享有主观上的隐私期待,并且如果公民对这些场所或财物所具有的隐私期待是合理的,则政府执法人员不得在没有授权的情况下对公民的这些场所或财物实施搜查行为或者扣押行为;否则,他们实施的搜查行为或者扣押行为就侵犯了公民对这些场所或者财物所享有的隐私权。[①]在"美国诉米勒"案(United States v. Miller)中,联邦最高法院认为,个人对其银行记录缺乏隐私合理期待,因为政府所有获得的文件,包括财务报表和存款单,都是米勒本人自愿提交给银行的信息,并在日常业务中披露给银行职员。在"史密斯诉马里兰州"案(Smith v. Maryland)中,联

[①] 张民安主编:《隐私合理期待分论——网络时代、新科技时代和人际关系时代的隐私合理期待》,中山大学出版社 2015 年版,第 3 页。

邦最高法院采用类比推理，认为人们对笔式记录器记录的信息（拨打的电话号码）不具有隐私合理期待，因为用户已经知道他们必须向电话公司提供电话号码。因此，他们不能期待他们所拨打的电话号码是保密的。隐私合理期待理论为合理划分公私界限确立了社会普遍接受的标准，界定了公共空间和私人空间、个人与第三方之间的界限。也就是说，人们对其在公共空间中的行为和言论难以拥有合理隐私期待；而个人自愿交予第三方的个人数据，也被认为可以合理预期会交予政府，而不再具有合理隐私期待。

朱伯夫教授所提出的"监控资本主义"理论，论证了信息社会中私人资本依靠对个人数据进行分析和预测寻找获利机会的商业模式的普遍性。[①]在商业利益的推动下，私人监控能力得到迅猛发展。大数据监控技术的发展和应用颠覆了"隐私合理期待"理论在物理世界中所具有的正当性。权力机关对社交网站用户发表言论与沟通交流进行广泛监控，政府通过各种手段试图获取广泛存储于第三方云服务商的个人数据，人脸识别广泛应用于公共场所安防，移动电话和物联网设备的普及使 GPS 定位追踪异常便捷，大规模通信元数据监控揭示通信内容[②]，这些伴随新兴科技和服务而来的数据收集和利用的情形突破了传统的公共空间与私人空间、个人数据与第三方数据、内容数据与元数据的分界。隐私合理期待理论在保护公民隐私权时在理论上显得捉襟见肘。

首先，在信息社会中，遵循传统的"隐私合理期待理论"的第三方原则，违背了社会普遍希望承认的公民对这些在线数据享有的隐私期待。海量的

---

① Shoshana Zuboff：The Secrets of Surveillance Capitalism，http://www.faz.net/aktuell/feuille-ton/debatten/the-digital-debate/shoshana-zuboff-secrets-of-surveillance-capitalism-14103616. html，May. 23，2017.

② 欧洲法院在《数据留存指令》无效判决中认为，大规模通信元数据的监控可以得出关于私人活动的精确结论，比如生活习惯、永久或临时的居所、日常活动、社会关系、精神活动等等，具有隐私干预性。

个人数据存储在第三方的服务商手中，如果遵循隐私合理期待理论中的第三方原则，默认个人自愿将个人数据交予各种网络服务商而放弃隐私权，政府从企业获取个人数据无需遵循"令状原则"，则将彻底侵蚀美国宪法隐私权的根基。这也违背了美国联邦法院在卡兹案中所确立的客观判断标准。①其次，在物理信件通信时代，人们可以将信件放入信封而获得宪法通信隐私权的保护。网络用户在互联网上的行为难以通过这种传统方式加以保护。因为数字化的环境中，含糊不清的行为是不允许进入信息页面的，网络用户只有输入精确的信息才能进入信息页面。②因此，隐私合理期待理论应当承认用户采用的密码、加密技术是一种主观的隐藏行为，能够说明公民具有主观隐私期待，应当符合卡兹案确立的主观判断标准。

（二）宪法隐私权客体范围的持续扩展

随着大数据监控社会的到来，个人生活数据化记录成为常态。个人的日常消费、行动轨迹、通信记录、行为偏好等等都转化为可查询、可复制、可审查的电子化数据。自"个人信息"进入宪法隐私权客体以来，对个人信息的界定随着技术和社会形态的变化而不断扩展。

美国国家标准与技术研究院（NIST）将个人信息定义为两类，一是能够用来区别或勾勒个体身份的信息；二是能够和个人相关联的信息，比如医疗、教育、金融和职业信息等。③在欧盟，根据《一般数据保护条例》（GDPR），个人数据是指与已识别出或可识别的自然人相关联的任何信息；可被识别

---

① Katz v. United States，389 U.S. 347(1967) at 360—361.
② ［美］戴维·A.库里莱德：《云计算时代的隐私合理期待——〈美国联邦宪法第四修正案〉在云计算时代所面临的困惑》，凌玲译，载张民安主编：《隐私合理期待分论——网络时代、新科技时代和人际关系时代的隐私合理期待》，中山大学出版社 2015 年版，第 237—240 页。
③ NIST：NIST Special Publication 800-122：Guide to Protection the Confidentiality of Personally Identifiable Information，https://csrc.nist.gov/publications/detail/sp/800-122/final，July 23，2017.

的自然人是指,借助标识符,例如姓名、识别号码、位置数据、网上标识符,或借助于该个人生理、心理、基因、精神、经济、文化或社会身份特定相关的一个或多个因素,可被直接或间接识别出的个人。①

从美国和欧盟当前对个人信息的定义来看,由于大数据技术的广泛应用,能够识别个人身份和与个人身份相关联的信息越来越广泛。一方面,个人数据和隐私保护的客体,主要集中在保护个人生理、心理、基因、精神、经济、文化、社会身份等方面所展现出的个人画像(profiling),即个人在社会中展现的自我所具有的自主控制性。这也是当前隐私权所保护的个人信息自决权的核心要义。另一方面,有一些信息无法识别个人的"生理、心理、基因、精神、经济、文化、社会身份",但是能够利用监控技术持续追踪个人的行踪信息②,比如手机 IMEI 号③、GPS 定位等信息也被纳入个人数据的保护范围。正如美国联邦最高法院在美国诉琼斯案(United States v. Jones)中提出的,权力机关持续地收集公民在公开场合中的位置信息达到一定的数量和时间,这种拉网式的持续监控行为就可能受到美国宪法第四修正案的限制。

宪法隐私权客体的扩张也体现在通信隐私的保护范围上。在传统的通信隐私保护中,通信内容和通信元数据因其反映的通信秘密的程度不同而受到不同的保护。各国宪法一般都将"通信内容"作为宪法通信秘密权的保护客体。美国《电子通信隐私法》(ECPA)就将通信数据分为信封数据和内容数据。信封数据也就是元数据,相比内容信息,信封信息仅仅受到很少的保护。随着大数据技术的广泛应用和全社会数据的大规模聚合,特别是斯

---

① 参见《一般数据保护条例》第 4 条。
② 洪延青:《个人数据分类的比较研究(上)》,https://mp.weixin.qq.com/s/DaGHlqLnl2Ax0g1eSbibIg,访问日期:2018 年 2 月 2 日。
③ IMEI 号是指国际移动设备身份码,是移动设备的唯一标识。

诺登曝光美国国家安全局通过大规模元数据监控项目,可以分析犯罪行为甚至预测未来的犯罪动向,通信元数据是否应当或者在多大程度上应当像通信内容数据那样得到宪法上的保护产生了争议。

美国隐私法专家丹尼尔·萨勒夫(Daniel Solove)就认为,元数据和内容数据无法被清晰的区分,理由包括,元数据信息也可能和内容信息一样敏感和重要;通过整合效应(aggregation effect),碎片化数据可以形成个人的画像;在网络环境下 URLs 和 IP 地址作为元数据反映出很多内容信息。[1]欧盟"个人数据保护 29 条工作组"在针对《电子隐私指令》的修改意见书中也指出,内容数据和元数据之间难以区分,数字通信是由不区分通信内容和流量数据的技术协议所主导的。例如,http 协议规定 URL 的使用同时包括通信的内容元素(如可以从 URL 的锚点和参数读取访问网页内容)和流量数据(主机名)。因此,流量数据和内容数据在法律概念上的区分越来越困难,尤其是网络服务商进行数据包检测和分析时,会显示用户和第三方(访问的 URL)之间的通信内容。同时,通信的频率、迄始时间、时点可表现出通信双方的关系类型和亲密程度,也能够推论出通信内容。如果将手机通信及通信软件的通信时间、地点绘制成一张图表,可以在短时间内获得完整的个人移动轨迹图。

在司法审查方面,欧洲法院在"爱尔兰数字权利"案中确认,大规模通信元数据留存构成了对隐私权的干预[2],即使干预目的具有正当性,但是大规模的数据留存的手段与所追求的合法目的之间不符合比例原则。[3]近年来,从各国的执法实践来看,调取通信元数据并加以分析越来越成为检警的一

---

[1] Daniel J. Solove, *Understanding Privacy*, Harvard University Press, 2008, p.214.

[2] Joined Cases C-293/12 & C-594/12, *Digital Rights Ireland*, §35.

[3] Ibid., §51.

种基本侦查措施。在新兴的监控形态下需要进一步探索宪法隐私权合理的内涵和外延。

三、大数据监控与正当程序原则的冲突

(一) 风险预防性监控与正当程序原则的冲突

自由主义与法治原则的核心理念是防范公权力的滥用并保护少数派的自由和权利。[1]20 世纪 60 年代,美国新宪政论者提出了通过完善的程序设计来控制国家权力[2],也就是"正当程序原则"。爱德华·索乌坦(Edward Soltan)在《一般的宪政理论》一文中认为:"有意识地削弱专制的努力首先是针对政府的。它的主要工具是法治和正当程序制度,即一系列限制政府专横地侵犯个人能力的程序。"[3]

采取传统的犯罪侦查手段(包括搜查、扣押等方式),对公民隐私权的干预可以依附于住宅权、财产权、身体权的保护制度而实现,公民可以根据正当法律程序得以告知搜查、扣押等行为的实施。在大数据监控技术的支持下,当前国家治理正在从传统的事后追诉转向事前的预防。大数据监控以及以数据分析为核心的监管架构推动了这一趋势的发展。大数据监控技术的应用使得搜查、侦查措施的形态发生了根本性的变化。

以刑事调查为例,常态下政府刑事调查的行为逻辑是:警察在作出对个人隐私权和自由限制的行为之前,必须已经有了某种合理的确信,也就是说,有合理理由认为嫌疑人与某项犯罪行为有所牵连。警察要获取搜查令

---

① 王芳:《美国政治自由主义的回撤——基于美国宪法第四修正案隐私权抗辩诉讼数据的分析》,载《文史哲》2017 年第 4 期,第 155—164、168 页。

② 汪进元、汪新胜:《程序控权论》,载《法学评论》2004 年第 4 期,第 29—34 页。

③ [美]斯蒂芬·L.埃尔金、爱德华·索乌坦等编:《新宪政论》,周叶谦译,生活·读书·新知三联书店 1997 年版,第 106 页。

必须向批准机关陈述合理理由。因此,搜查手段必须是因结果而起(results oriented)①。但是,在大数据监控社会中,预防性的调查和搜查得以广泛应用。大数据监控技术带来的根本性变革在于数据驱动知识的预测性特征。大数据监控通过事前的数据收集、利用和分析,预测未来的不法行为,对潜在的犯罪分子进行识别和干预。在此,大数据监控下的调查具有了预测性、广泛性和前置性的特征。警察在进行调查之前并没有基于犯罪事实的合理怀疑,而是认为每个公民都有实施犯罪的潜在可能,也可以称之为"有罪推定"。大数据监控的预测性特征从根本上改变了政府搜查和对待证据的方式。这种颠覆传统调查手段的逻辑挑战了"正当程序原则"。并且,随着大数据技术的广泛应用,这种监控手段已经从国家安全和严重犯罪的刑事调查扩展至风险预防性的警务活动之中。当风险预防性警务成为重要的调查手段,警察权和隐私权的天平不可避免地面临倾斜。预测性大数据监控必须要在"正当程序原则"之下重新审视其合宪性。也就是说,以安全为目的限制自由的手段必须建立在正当程序原则以及对个人自由的基本认可的基础上。

(二) 政府数据的聚合共享与正当程序的冲突

对公民个人信息的收集、处理和利用是政府正常运行的基础。随着电子政务的大规模建设,各级政府机关基于法律授权,通过履行职能掌握了数以万计的各类信息库,如治安维护、交通出行、出国出境、打击犯罪、人口普查、医疗卫生、工商管理、社会保障、个人信用、教育行政等等,每天都会有巨量的公民个人信息牵涉其中。②政府部门间信息的共享和流动,对于提高政府行政管理效率,维护公共秩序和公共安全,推进公共福利具有

---

① 王芳:《美国政治自由主义的回撤——基于美国宪法第四修正案隐私权抗辩诉讼数据的分析》。
② 孙平:《系统构筑个人信息保护立法的基本权利模式》,载《法学》2016 年第 4 期,第 67—80 页。

重大意义。

在实践中,法国、瑞典等一些欧洲国家已经将因执法目的而留存的元数据用于知识产权侵权的民事诉讼之中。

权力机关收集、利用个人信息,侵入私人生活的正当性基础在于法律上的授权和履行法定职能的必要性,在隐私权保护理念下,同样需要遵循目的限制原则。因此,权力机关掌握的个人信息如果要为其他机关共享,汇聚为用于不特定目的的巨型数据库,存在超越法定授权范围和目的的疑问。政府巨型数据库的共享,如果缺乏必要的正当程序控制,将使公民私人生活完全透明化。何在保护宪法隐私权的基础上,规范个人信息收集范围、利用目的、共享程序,发挥政府数据库的积极效用需要进一步探索。比如,行政机关、司法机关为了实现公共福祉最大化,需要从征信中心获得公民个人信息,那么也应规定严格的取得条件、程序及目的限制,并明确安全保密、禁止目的外使用等义务,配套相应的处罚措施。

第二节　隐私权价值与功能之再认识

一、国家的权力限制与控制

在美欧国家的一般概念中,权力是理所当然受到限制的。美欧国家的目标通常表达为三种基本宪法原则,即基本权利、法治和民主。其中,基本权利被认为是民主法治国家政治架构中的核心。

（一）基本权利的目标是限制和控制权力

首先,从原则上说,基本权利作为盾牌或堡垒,通过确认个体的权利,为国家权力及其对公民基本权利的干预划上边界。需要强调的是,基本权利最重要的功能是通过限制专断性权力广泛保障人的基本权利。[①]就隐私权的理解及其影响来说,关键要牢记基本权利肯定个体作为独立的存在。基本权利保护个体免受密尔所说的"多数的暴政"。其次,基本权利并不仅仅限制国家权力,也赋予公民个人参与政治系统的权利。

（二）法治的目标是构建国家权力的问责性和权力运行的透明度

美欧国家的宪法认同并实施法治也是为了限制政府权力,法治的实现往往并非通过对政府权力的范围作出限定,而是通过构建权力机关的内部组织系统来限制权力。尽管如此,法治的目标还是一样,即保护个人免遭权力的过度和任意的支配。法治的主要理念是政府和其他国家权力服从于一系列限制性的宪法规则和机制。一方面,法治提供了政府合法性的基础,即权力只能根据法律行使的基本原则。所有的权力必须源自宪法,任何权力的行使必须可以从宪法的条文中被解释出。这意味着一项重要的事实,即政府具有问责性,其行为必须可控且透明。因此,"法治"指的是社会运行是依照理性和客观的法律,而不是人的任意命令进行管理的。[②]此外,因为法律必须具有普遍的效力,这也蕴含了法律面前人人平等的原则。另一方面,法治构建了权力平衡的系统。基本的想法是将这种权力分散在不同的中心,通过各自不同的能力和功能限制国家权力。无论是否采用"三权分立",权力制衡的基本理念是通过分散权力来限制权力,由彼此间相互竞争的权力中心分别行使权力。这样的系统意味着国家权力的相互问责性,立法、司法和行政的透明度及可控性。

（三）民主制度要求公民参与和决策透明

西方政治启蒙运动后,人民主权和国家的政治自决权的思想开始占据

---

① 林来梵:《宪法学讲义》,法律出版社 2011 年版,第 33 页。
② 高鸿钧:《法治:理念与制度》,中国政法大学出版社 2002 年版,第 329 页。

政治理论的主流。在一个民主法治国家中,行使权力的唯一正当理由是获得人民的同意或者实现人民的愿望。这种关键的连接通过不同的社会契约理论(贝卡利亚、洛克、卢梭)得以阐释,这些契约解释了政治实体的宪法需要获得人民的同意,国家权力来源于人民的主权。[①]更具体地说,这些国家权力的理论基础是政府的行动主要由大多数人的意志驱动。因此,代议制系统和公民参与至关重要。国家机关和机构必须具有代表性,公民参与政治决策必须组织化,民主治理体系必须为公民提供直接或间接控制公权力的程序。民主制度意味着政府对公民负责,加强决策和政策的透明度。

二、基本权利作为权力控制法律工具的构建

(一) 利用基本权利的防御性限制权力

基本权利制度的核心目标是致力于推动个人自由,保护个人免遭国家的不当干预。因此,确立私人领域的重要性在于,在私人领域中,个人自由的特权地位不被低估。这就是为什么用基本权利的防御性来保护个人免遭国家干预具有重要意义。其背后的理念可以被理解为第一代人权的功能。通过承认人权,17—18 世纪发生在英格兰、美国和法国的革命将公共和私人空间在法律上进行了划分。宪法承认创建个人自治和自我决定的空间,公民生活可以不受国家的干预。因此,基本权利可以被理解为是宪法上确认的保护个人免遭国家干预的法律工具。

以各国宪法中普遍规定的"家庭住宅神圣不可侵犯"为例,这实际上表达了宪法对尊重个人自治的关切。公共机关必须尊重家庭住宅的界限。一旦进入家庭住宅之中,相比在外界,人们不受政府(和他人)的干预。住宅是

---

① 徐向东:《自由主义、社会契约与政治辩护》,北京大学出版社 2005 年版,第 84—90 页。

一种特权设置。在住宅中，每个人都有自由做他乐意做的事情，不受社会和伦理观念的约束。比如，许多国家法律一般允许在家里观看并拥有色情电影，而这在公共场所是不可传播的。但是，这并不意味着所有发生在住宅内部的事都自动受到保护。比如，在刑事案件中，侦查机关可以申请对住宅的搜查令，但是根据刑事诉讼规则，获取搜查令需要满足一系列严格的条件。违法犯罪行为并不会因为在住宅内发生而不予追究。但是因为住宅受到特殊的保护，第三方的进入，特别是权力机关的进入会受到严格的监管。

基本权利的防御性功能最为关键的是其规范性特征。当社会整体利益受到威胁之时，比如发生公共安全和隐私的冲突时，这种防御性功能将通过立法机关设定判断标准，以此确定哪些行为是侵犯隐私的。基本权利的防御性功能从集体性的、规范性的维度解释了人权和个人自由之间的复杂关系。在下节所要探讨的利益平衡理论中，也提出利益平衡需要通过立法者制定清晰的防御性标准。然而，隐私权的防御性功能并不导致对个人绝对的保护，比如美国宪法第四修正案规定了一旦获得搜查令，执法机关就可以进入个人的住宅。因此，需要更加明确地强调隐私权防御功能的规范性，而不仅仅是防护作用。

（二）利用基本权利的透明度功能行使权力

基本权利除了防御功能外，根据本书提出的基本权利功能的双重属性，其权力运行的透明度功能可以通过设计法律方法对权力进行控制。比如隐私权的透明度功能要求政府对有关大数据监控活动的相关决策和活动保持透明度，这是问责性和责任治理的首要条件。分权制衡系统要求国家权力间的透明，公民对政府的可控性和问责性意味着公民有权自由方便地获取政府信息，制定公众参与程序，设立专业独立的机构控制并审查政府的行为等等。

基本权利的防御功能和透明度功能在本质上有所不同。基本权利的防御功能所采取的工具主要体现为限制权力的规范性选择,而透明度功能所选择的工具则主要是在这些规范性选择实施之后发挥作用,为通过规范性的权力行使提供通道。基本权利的防御功能保护公民免受非法和过度的权力对私人生活的侵扰,赋予公民和特定的监管机构关注权力行使的合宪性。透明度功能则关注于合法使用国家权力机关侵入个人生活的权力,规制、引导必要的、合理的、合法的权力行使。

三、隐私权作为基本权利之价值再认识

在资本与监控、私人监控与公共监控双重结盟的情境下,大数据技术不仅可以分析过去,还可以预测未来。普罗大众都在惊呼"隐私已死",隐私权得到了前所未有的关注。探究隐私权保护的目的一直是美欧国家隐私权宪法研究的主要内容。隐私与数据保护究竟是目的本身,还是作为中介以保护和推动更为根本和基础的价值?重新研读德国宪法法院1983年作出的"人口普查案"判决或许可以给予我们新的启发。

在1983年的"人口普查案"中,德国联邦宪法法院提出了一项原创性的思想,即将人的尊严和个人自治置于基本价值层次的上层位置,将信息自决与人的尊严相联系,提出了个人信息不可剥夺、不可转让的默认制度。保护个人信息不是隐私保护的最终目的或主要价值,而只是作为必不可少的"工具",使基本的个人权利和自我发展成为可能。

德国联邦宪法法院在本案的判决中指出:

> 本案判决适用的标准主要来自《基本法》第二条第一款及第二条第一款所保障的一般人格权。

基于自决的概念,一般人格权包括赋予个人在原则上可自行决定是否以及在多大程度上揭露其个人生活的方方面面的权利。

如果个人不具备充分的确定性来决定哪些个人信息披露于其所处的环境,难以确定潜在的交流伙伴知道哪些他的个人信息,将可能严重损害其信息自决权。因此,在现代化的数据处理环境下,人格权的自由发展要求保护个人不受无限制地收集、储存、使用和共享个人数据的风险。

"信息自决权"并非不受限制。然而,根据《基本法》第2.1条的规定,这些限制需要有法定依据,并需按照法治理论的法律明确性原则,以公民明确可辨的方式具体说明限制的条件和范围。此外,立法者必须遵守比例原则。鉴于上文概述的使用自动数据处理所造成的威胁,立法者有责任制定组织和程序保障措施,以应对侵犯人格权的风险。

原则上,个人数据只能基于法定目的收集和使用。但是,在为统计目的收集和处理数据方面,必须考虑到统计的具体性质。明确界定数据收集和使用的目的以及严格禁止收集个人数据留存的规定不适用于人口普查中收集的数据。人口普查产生的关于人口和社会人口统计的可靠数据,有助于建立一个经核实的数据池,作为进一步统计分析和政治规划的基础。人口普查必须允许多种目的的数据收集和使用。

正是因为在人口普查期间收集的数据从一开始就不受与目的相关性的限制,这些普查往往产生以侵犯人格权的方式对个人进行登记和分类的风险。为了确保信息自决权得到保护,必须在数据收集和处理的实施和组织方面制定具体的保障措施。这是因为在收集阶段——部分在存储阶段——这些数据仍然可以归因于个人。还有必要对作为辅助信息(识别标记)收集的数据施加法定的删除要求。只要相关数据仍归因于某人或可归因于某人,为统计目的所收集的个人数据就必须严格保密(统计数据保密);同时,还要求数据尽快实施匿名化,并采取防止去匿名化的措施。

如果个人数据可能被转移作其他用途(数据共享),则会出现特别问题。如果为统计目的收集的数据与其他政府当局分享,用于行使行政职能,而且这种数据转移发生在数据匿名化或用于统计分析之前,这可能非法干涉信息自决权。

根据这些标准衡量,《人口统计法》规定的数据收集框架大体上符合《基本法》第2.1条和第1.1条规定的一般人格权。

数据收集框架并不等于以不符合人的尊严的方式登记或分类全部或部分人格画像。与信息有关的针对基本权利的干预需服务于重要的公共利益,符合法律明确性和比例性要求。然而,为了保护信息自决权,立法者需要采取额外的程序性保障措施。基本保障措施包括通知、信息和删除要求。

将为统计目的收集的人口普查数据与民事登记数据进行关联匹配的做法不符合宪法要求:原则上,如果为统计目的而收集的个人数据在没有匿名的情况下被允许用于行使行政职能的目的(将数据用于原始目的以外的目的),则构成对信息自决权的无理干涉。在此,有关的法律必须向公民明确表明,他们的数据不会只用于统计目的,以及与行使行政职能有关的具体目的,数据使用的必要性和目的限制性,以及保证不会用于自证其罪。在大多数情况下,与其他行政当局共享普查数据的法律规定不符合上述要求。①

---

① Abstract of the German Federal Constitutional Court's Judgment of 15 December 1983,1 BvR 209,269,362,420,440,484/83[CODICES],https://www.bundesverfassungsgericht.de/SharedDocs/Entscheidungen/EN/1983/12/rs19831215_1bvr020983en.html,January 26,2021.

重新审视德国联邦宪法法院在三十多年前信息技术刚刚兴起时所作的判决，有助于我们进一步厘清宪法隐私权和数据保护在信息社会中所扮演的角色，尤其是在全面的大数据监控社会所应具有的内在价值和功能。

（一）隐私和数据保护具有促进宪法规定的两种基本价值实现的中介价值

德国宪法法院的法官们将隐私权建立在两条不同的宪法条款上，反映了德国宪法秩序的两种基本价值：人的尊严和个人自我发展。①法院认为，这两种价值的结合形成了一个"一般人格权"，作为德意志共和国法律宪政秩序中的坚硬核心。这一权利在1983年的技术背景下被理解为信息自决权。

德国宪法法院认为，隐私是促进自由、自主、自决的社会政治理想（或"最终价值"）的法律概念或"中介价值"。自治、自决（例如，当个人的想法或生活方式在政治上和社会上不受欢迎）不能被视为法律"权利"，它们不是国家可以"为个人提供"以及通过纯粹的国家侵入或干涉"私人"或"亲密"事务而足以实现"个人自主"的。②幸福、自治和自决，都是一种程度性的问题。个人自治的条件如此多样，在某种意义上是主观的，没有法律能够真正确保"自主权"的实现。自治和自决并不是所有人都希望或有天资发展的能力。个人自主的幸福，就像音乐才能和艺术天赋，并不是国家通过法律可以提供给个人的东西。对法律来说，自主权并不比幸福权更有意义。我们所需要的是追求幸福的权利和追求自主的权利。③

---

① 德国《基本法》第一条确认了"尊重和保护人的尊严"，第二条确认了"自我发展权"。
② 保持纯粹的个人事务免受国家侵入或干预，使个人成为自主的个体，但是这会陷入自治和负面自由概念之间的混淆。比如，让一个五岁以下的小孩独处，确实是不干涉私人事务，但却是一种负面自由，他/她并没有享有自主，甚至可以说被剥夺了真正的自由，因为他/她可能会饿死，或者面临儿童独处的其他威胁。
③ 例如1776年美国《独立宣言》提出："我们认为这些真理是不言而喻的，所有的人都是平等的，他们被造物主赋予了某种不可转让的权利，包括生命、自由和追求幸福。"

然而,尽管法律无法"创造"或"保障"个人自主权,但是法律尊重个人自主权,并尽可能提供个人发展协商自主能力所必需的一些条件(个人自治的程序)和集体协商民主。这已经成为当代社会中最根本和最基本的伦理和法律要求,尊重这些必要条件被认为是法律合法性的前提。个人自治和协商民主假设了一系列权利和自由,允许个人按照计划和理想,至少一部分实现自我决定、自我创作或自我创造。

此外,德国宪法法院认为,隐私并不仅仅是个人主义的价值。隐私超越了其维护个人尊严或发展个人关系方面的价值。当隐私存在时,社会会更好。隐私不仅仅符合个人利益,也符合公共和集体的利益。隐私权作为一项基本权利,与其他自由不同。隐私对人的尊严和个人的自主权至关重要,通过将这些道德原则转化为法律制度,隐私成为大多数其他基本权利和自由,比如结社自由、宗教信仰自由、言论自由的必要先决条件,所有特定的自由权都必须假定承认和尊重人的尊严和自我发展权。

(二)以"进化论"视角来看待技术演进对个人自主权的新威胁

德国宪法法院强调了"进化论"的方法视角,认为应当通过加强对个人数据的保护来回应技术演进对个人自主权带来的新威胁。信息决定权所面临的新威胁是,"为统计目的收集的人口普查数据与民事登记数据进行关联匹配"[1]。关联匹配不同信息系统中的数据可以部分或完全地描绘个人的画像。数据处理缺乏透明度,数据主体无法行使知情同意的权利,也无法对错误数据进行修正,或者限制数据的使用。依据德国宪法法院的观点,立法者应当根据数据处理技术的发展,修改和调整其保护人格权发展的保障措

---

[1] Abstract of the German Federal Constitutional Court's Judgment of 15 December 1983，1 BvR 209，269，362，420，440，484/83［CODICES］，https://www.bundesverfassungsgericht.de/SharedDocs/Entscheidungen/EN/1983/12/rs19831215_1bvr020983en.html，January 26，2021.

施。除了德国宪法法院强调的技术发展视角外，现行的制度和社会政治结构也会影响隐私权的多样性和独立性。这也意味着隐私权和数据保护法律，必须适应技术和社会政治的演变带来的对个人自我发展能力的新威胁。

（三）隐私和数据保护是维护民主社会的结构性工具

保护个人自决能力的重要性不仅源自个人的利益，更为根本的是为了保护自由民主社会所珍视的公共利益。个人自治和协商民主预设了一系列权利和自由，允许个人根据计划或理想，自主决定、自我授权、自我创造其选定的生活方式。[①]哈贝马斯的法律商谈理论可以论证公共和私人自治之间的相互加强。该理论认为，"商谈可以更好地实现其社会功能，因为商谈是一个对话的过程，一个将人们召集起来纳入有意义的辩论过程。"[②]从这个角度来看，自我发展权是以真实民主讨论为先决条件的。这一理论也蕴含在施华兹（Schwartz）、特雷纳（Treanor）、弗莱明（Flemming）等研究者提出的基于社会结构价值基础上的隐私权保护理论。[③]在这个意义上，隐私权并非刻意用来交易的对象，隐私是民主社会的结构性工具，因为民主协商的先决条件是个人的自由。[④]个人可以自由表达而不用担心受外部环境的影响，或者由公私官僚机构基于收集和处理的数据来解读个人的想法和行为。国家的义务是维持和推动个人思想、偏好、意见和行为的私下和公开的表达。德国宪法法院明确提出："在现代化的数据处理环境下，人格权的自由发展

---

① See Onora O'neill, *Autonomy and Trust in Bioethics*, Cambridge University Press，2002，p.56.
② ［德］哈贝马斯：《在事实与规范之间》，童世骏译，生活・读书・新知三联书店 2003 年版，第145—160 页。
③ Paul M. Schwartz, William M. Treanor, The New Privacy, *Michigan Law Review*，Vol.101，2003，p.216.
④ James E. Flemming, Securing Deliberative Autonomy, *Stanford Law Review*，Vol.48，N.1，1995，pp.1—71. 协商自治的基本原理结构是确保个人对影响其命运、身份或生活方式的事务有能力协商和作出基本决策的基本自由。

要求保护个人不受无限制地收集、储存、使用和共享个人数据的风险。但是信息自决权并非不受限制的权利。相反,它同时保障个人进入社会,与他人进行交往的权利。"①可以说,隐私权不仅仅是个体抵抗权力的武器,并且是个人进入社会系统,实现社会沟通的保障。②

德国学者保罗·赫特(Paul de Hert)和瑟吉·格特沃斯(Serge Gutwirth)也承认,自我发展的权利并不是孤立于社会生活的个体的自由,恰恰相反是作为自由社会成员所享有的权利。这不是无政府的自由。德国宪法法院提到了康德的自由观,其前提是个人有可能通过彼此的互动和交谈发展自己的个性,并因此被社会的合法需要所限制。这是因为个人需要与他人的互动和合作而自我发展,数据保护建立了一种披露个人资料的系统,尊重个人的自决权利,通过防御性和透明化工具来实现个人的自我发展。③人权和自由不仅限制了国家的权力,而且赋予公民参与政治的权利。这些权利和自由使公民能够发展和行使他们的道德力量,理性地追求善。④

四、隐私权作为基本权利之功能再定位

(一)隐私权的权力防御功能

隐私权进入宪法,成功地将努力确保对私人事务的不干预从政治上的概念转化为一种法律概念。隐私权的防御功能旨在保护个人自治,免受政府和私人主体的不当干预。比如《欧洲人权公约》第八条规定,公共机关不

---

① Abstract of the German Federal Constitutional Court's Judgment of 15 December 1983,1 BvR 209,269,362,420,440,484/83[CODICES], https://www.bundesverfassungsgericht.de/SharedDocs/Entscheidungen/EN/1983/12/rs19831215_1bvr020983en.html, January 26,2021.

② 刘涛:《社会宪治:刑法合宪性控制的一种思路》,载《法学家》2017年第5期,第34—47页。

③ De Paul,and Serge Gutwirth,Privacy,Data Protection and Law Enforcement:Opacity of the Individual and Transparency of Power, in Erik Claes,Anthony Duff and Serge Gutwirth(eds.),*Privacy and the Criminal Law*,Intersentia,2006.

④ Ibid.

得干预私人生活和通信,除非是为了民主社会所必须的。法国自由派思想家本杰明·贡斯当(Benjamin Constant)的作品在这方面进行了重要的说明。贡斯当不仅仅提出了国家作为个人自由的潜在威胁这样的理念,也提出了许多现代隐私思想的概念,比如自由主义、私人生活、监控、个人自由等。①他认为,不能完全依靠美德或者是人的善意,没有一种社会目的可以毫无争议地证明执法的正当性。将异议宣布为非法,对公共道德进行立法,以及对公民道德进行教育,都是对人的道德判断和自我追寻真相能力的一种家长式的侵犯。当事实强加于他们的时候,个人将会失去批判的态度。国家应当限制其主要任务;他们应当废除所有的道德机构,仅保留必要的政治机构。个人自由应当围绕着制度安排,对广泛的社会和政治可能性保持开放和可获取。②在贡斯当看来,近代以来,人类构建了一个隐私的渴望,以保护个人的自由意识。隐私和个人自由是一种不可避免的现实,并且他将其与有限政府的思想相联系。这种对个人自由的武装保护源自西方传统的怀疑精神。

其次,作为个人自由蕴含的法律概念,宪法隐私权的基本理念为,国家行为的合法性只能来自最大化尊重每个人的个人自由。隐私权保护了国家的基本政治价值,即保障个人自我决定的自由,保持独特性的权力,参与关系的自治,选择的自由,性自由、健康自由、个性构建的自由、社会形象和行为的自由等等。它保护每个人的独特性,包括在与他人利益或公共利益发生冲突时的抵抗的权利。③

政治社会理论文献对隐私权的权力防御功能有诸多的阐述,尤其强调了隐私权对于政治生活的必要性。阿伦特和哈贝马斯的公共领域理论得到

---

① 韩伟华:《从激进共和到君主立宪:邦雅曼·贡斯当政治思想研究》,上海三联书店 2015 年版。
② 同上书,第 98 页。
③ 同上。

了理论界的广泛认同。阿伦特和哈贝马斯在有关公共领域构建的理论阐述中都认为,在私人空间中,人们可以自由形成个性化的关系,发展自己的身份和思想,以此参与公共生活。对私人空间的干预无法以客观的善为理由证明合理。①

边沁的"敞视监狱"理论和福柯的"规训社会"理论都清楚地表明,通过个人已知的听或者看的方式对其进行观察必然对其行为产生限制性或控制性的影响,也就是说,个人必然将其行为限制在社会可以接受的规范中,或者认识到违反这些规范需接受惩罚的风险。在艾伦·威斯汀(Alan F. Westin)和奥斯卡·吕赛尔斯海姆(Oscar M. Ruebhausen)主编的《隐私与自由》一书中针对"没有犯罪行为的人不应该害怕被监视"这一论点提出了批驳。他们认为,这个论点是基于一个错误的假设,即一个社会或群体应该在观察其全部成员行为的基础上进行运作。事实上,社会中的每个个体都处于设定"社交距离"的过程之中。这是社会生活中最重要的辩证过程。这一过程具有普遍性的原因在于,个人在社会中都扮演着不同的角色。对个体的观察会阻碍他们有效扮演自己的不同角色。为了社会生活成为可能,所有群体都允许个人行为与角色期待有所偏差。无时无刻要求每个人都严格符合角色要求,不允许有任何偏差,这是不顾个体在能力和训练上的差异性。②

作为构建公民身份的基础,隐私权的防御功能也可以根据米歇尔·福柯(Michel Foucault)的理论来理解。福柯认为,所有的权力关系都是以个人对权力抵抗的紧张关系作为前提。即使一个人有引导他人的行为,他人

---

① [美]汉娜·阿伦特:《人的境况》,王寅丽译,上海人民出版社2017年版,第93页。
② Alan F. Westin, Oscar M. Ruebhausen, *Privacy and Freedom*. Ig Publishing, 2015, pp.125—143.

也有采取不同行为的自由。权力在这一意义上是一种战略形势,即引导个体采取他们不会自发采取的行为方式。福柯认为,抵抗总是权力平衡的核心。恰恰在这个基础的层面,隐私出现了,因为个人自由意味着行为的可替代性选择,而不是通过权力关系的诱导。换句话说,隐私权是对于抵抗、行为操纵、权力诱导的法律认知。从这个角度来看,隐私权在宪政民主国家中代表了一种法律武器,用来对抗绝对的权力,以此证明隐私在国家中的重要作用。①

（二）隐私权的规范权力透明运行功能

在大数据监控时代,隐私权的规范权力透明运行功能主要通过个人与权力的合作来实现。隐私权作为具有中介价值的一项权利,其价值不仅仅体现在防御权力对私人生活的入侵,更体现为作为自由社会的成员积极参与社会和政治活动而实现的。在实施常规化、目的性、系统性、全景化的大数据监控社会中,不管是通信隐私、信息隐私、身体隐私还是空间隐私都电子化为可记录、存储和分析的个人数据。因此,在当代社会,隐私权与个人数据成为紧密联系的两个概念。

自 20 世纪 70 年代欧洲国家提出"个人数据保护"的概念以来,尤其是 1995 年欧盟《个人数据保护指令》在全球范围内产生巨大影响,推动了许多国家以"数据保护"为核心,从程序控制出发,为权力干预个人生活构建渠道。隐私权的权力透明功能呈现出如下特征:

1. 为权力的行使提供渠道

个人发展自己的身份和思想,参与公共事务的自主性需要隐私权发挥积极的作用。个人数据保护则为个人参与公共领域的生活建立了权利和权

----

① ［美］德赖弗斯:《福柯论:超越结构主义与解释学》,光明日报出版社 1992 年版,第 135 页。

力融洽相处的渠道。作为一种权力行使的透明度工具，个人数据保护在本质上是实用主义的：它假定权力机关根据法律履行职能可以处理个人数据。个人数据保护制度的普遍规定是"在某些情况下可以处理个人数据"，这与刑法规定的"不得杀人"是完全不同的逻辑。这一点在许多情况下已经被社会所接受。因为从理论上讲，权力机关在民主社会中是代表公民而行动，为了公共利益而履行职能。从大多数国家的个人数据保护立法来看，目前的个人数据保护规则大多数都发挥着规范权力透明运行的功能，而不是保护私人生活不受国家干预的防御性功能。数据保护制度恰恰不是限制权力对私人生活的干预，而是为权力的行使提供渠道，增加权力行使的透明度，促进有意义的公众问责，为数据主体提供反对不正确或滥用数据行为的机会。

2. 通过设定程序性机制规范权力的行使

个人数据保护的主要目的在于为保护个人隐私、促进政府和私人数据控制者的问责性而建立各种具体的程序性保护机制。对公共部门的个人数据处理行为进行规制的基本原理是，所有的行政系统都有收集、存储和使用个人数据的冲动，而这种冲动必须受到法律的规制。这是传统行政法的功能延伸到了数据保护法领域。这可以从 1980 年经济合作与发展组织（Organization for Economic Cooperation and Development，OECD）发布的《隐私保护与个人数据信息国际流通的指针建议》中提出的八项数据保护原则窥见一斑。[①]从大

---

① OECD 提出的八项数据保护原则分别为：（1）目的明确化原则（Purpose Specification Principle），即数据收集的目的需要明确；（2）使用限制原则（Use Limitation Principle），即个人数据的使用应该受到限制；（3）安全保护原则（Security Safeguards Principle），即数据的收集和贮存应该有相应的制度保障；（4）公开的原则（Openness Principle），即应该有一个公开个人数据的收集和处理过程的政策；（5）个人参加原则（Individual Participation Principle），即数据主体有权参与到数据的收集中、有权查询数据并纠正错误信息；（6）搜集限制原则（Collection Limitation Principle），即数据的收集应仅为收集时宣称的目的进行；（7）资料内容正确性原则（Data Quality Principle），即数据应准确并得到及时的更新；（8）责任原则（Accountability Principle），即数据的收集者有责任采取适当的措施保证上述原则得以遵守。

多数国家数据保护法确立的原则来看,公平原则、开放原则、问责性原则、个
人参与原则等等早已表明其严重依赖于程序正义而非规范性(或实质性)正
义。数据保护制度隐含着这样的认知:个人数据处理与权力行使密切相关,
是用来帮助权力的确立的。

(三) 对隐私权保护程序性依赖的反思

隐私权并非一项绝对的权利,为防止权力机关根据例外情形滥用权力,立
法者规定对隐私权侵犯的合法理由必须遵循法律保留原则、目的正当原则、比
例原则,也就是对隐私的干预必须符合"根据法律"以及"民主社会所必须"这
些限制性条件。欧洲法院在克鲁斯林案中对"法律"提出了质量上的要求,即
要求法律必须达到"可获得性""可预见性""可救济性"三种标准。限制隐私权的
合法性必须要依靠一个合法的、完全透明的法律基础。欧洲人权法院在克拉斯
诉德国案(Klass v. Germany)以及可汗诉英国案(Khan v. U.K.)的判决中多次强
调,法律的基础性目标必须明确,任何大规模的数据挖掘或数据监控应当禁止。

在大陆法系国家的法律体系和文化中,干预公民权利需要明确的法律
基础,这一点被认为是不证自明的。欧洲法院对法律提出的质量要求,在实
践中被转化为一系列程序性的要求,比如在电话窃听中规定一系列非常详
细的条件,这些条件由立法机关加以实现,并得到执法机关的尊重。这些条
件要求立法者明确和准确预见到哪些类型的对象可以成为侦查措施实施的
对象,侦查措施可以持续多长时间,侦查权监督如何实现,侦查措施的调查
报告如何制作,后续停止起诉或者无罪释放,这些数据如何销毁。这一系列
条件在英国 2016 年通过的《调查权法》中都可以看到。[①]该法在程序的完整

---

① 英国《调查权法》其条文共计 202 条,分为 9 部分,对于通讯数据调查权行使所采取之主要手段
包含拦截通讯(Interception)、数据监看(Oversight)、以设备干扰连结(Equipment Interferen
ce)、大量搜集个人通讯资料(Bulk Powers)等。

性方面可谓无可挑剔,但却仍然面临权力机关过度干预个人隐私的合宪性质疑。因此,隐私权保护过度依赖程序性功能面临的重大合宪性困境在于,如果任何大规模监控措施都满足详细的程序性要求即被视为合法,那这种形式上具备透明度要求的权力行使路径可能会极大地侵害隐私权意图保护的实质性价值。

(四)隐私权两种功能的整合

在民主法治国家中,在什么样的情形下应当通过隐私权的防御功能进行保护,什么样的情形下适用透明功能为权力运行提供路径? 个人生活的哪些方面应当免于监控和控制,哪些情况下需要刚性的阻挡工具,哪些情况下可以适用合乎比例原则的利益平衡? 寻求这些问题的答案必须从法治国家的本质特征出发来考量。从宪法基本权利功能来看,隐私权的防御功能和权力运行透明功能在法治国家中应对权力时存在本质的区别,但又是相辅相成的。隐私权的防御功能构建了公共权力对个人生活干预的限度,而隐私权的权力运行透明功能则为合法的权力行使提供了渠道和规制。理想情况下,实现宪法所保障的隐私权需要同时实现隐私权这两种功能的整合和转换。

1. 隐私权的防御功能构建公权力对个人生活干预的限度

隐私权的防御功能应当确保个人生活的自治,包括自我决定,个人自由。这种自治推动着个人参与社会和政治生活,以及人格的形成和社会关系的形成。隐私权必须保护个人背后所隐藏的面具,保护个人自治的根本,反对外界的操纵以及不成比例的权力/权利失衡。大数据监控造成的对个人自治的干预和权力/权利不平衡威胁着民主法治国家的本质。

作为一种传统上较弱的基本权利,隐私权在实现的过程中需要与一系列价值进行利益平衡,比如国家安全、公共安全、国家经济福祉、预防失序和犯罪、保护公共道德和他人的自由权等。宪法和法律中对隐私权干预的广泛的合法性条件潜在地允许政府拥有极大的自由裁量权。在各种利益衡量中，隐私权的本质变得不甚清晰。因此，需要立法者和法官在政治过程和司法过程中明确解释何时隐私权可以作为一种权力阻却工具。

从隐私权的防御功能角度来说，隐私权的防御、抵抗和阻挡权力的功能是否应当受到保护是一种重大的价值判断和政治选择。这种在基本权利和利益之间的衡量是实践人权的政治功能。比如《欧洲人权公约》第八条所规定的"民主社会所必须"的要件就蕴含了欧洲国家对基本权利之间的利益衡量。隐私权的防御功能体现了"民主社会所必须"这一要件的重要性，在这背后蕴含着隐私权真正的合宪性问题：即是否存在合理的必要性允许权力入侵隐私，进入个人的私人领域？这种必要性意味着一种紧迫的社会需求，而并非一种通常意义上的合理性。

满足"民主社会所必须"的要件需要立法机关和违宪审查机关重新认识隐私权作为一项基本权利的功能价值，特别是大数据监控成为权力机关广泛使用的社会管控工具的现实情境下，隐私权作为个人自由和个人公民身份构建的基础所具有的重要意义，在此基础上，为可接受和不可接受的权力对隐私的干预划出界限。

2. 隐私权的透明功能规范权力行使

隐私权的权力透明运行功能是在隐私权防御功能实现后发挥作用。基于这一逻辑，新的大数据监控工具在可以适用的前提下，需要在权力透明运行的法律框架内实施。因此，在这个阶段，"是否允许权力进入私人领域"的问题被"如何保障个人数据被公正、透明、安全地处理"的问题所取代。这种从隐私权的防御功能向透明度功能的转换条件可以由立法者作出，理想的方式是通过利益相关者（商业机构、政府、公民、社会团体、隐私倡导者等等）

基于充分的信息，进行广泛的社会辩论之后确定。

目前，各国制定的个人数据保护法规大多属于权力运行的透明度工具，而并非防御权力干预私人自由的防御工具。各国普遍接受的个人数据保护原则（公平原则、开放原则、问责性原则、个人参与原则）以及立法对个人数据处理全生命周期（从个人数据收集到数据销毁）的关注，早已表明个人数据保护法规严重依赖于程序正义而非实质正义。数据保护法规是在"个人数据处理原则上是被允许的"这一前提下构建的法律框架，是帮助权力透明运行的工具。

必须强调的是，隐私权的防御功能和权力透明功能并不相互排斥，并且在适当的时候可以调整转化。通过权力规制而非限制的隐私权透明度功能，在经过一定的时间和实践过后可以转变为隐私防御功能，反之亦然。现实的选择是两种功能混合适用，隐私权保护的法律方案应当既具有明确的规范选择（即发挥防御功能），也应当具有弹性与透明度（透明度功能）。比如，欧盟在2002年的《隐私与电子通信指令》中规定除非用户作出明确的请求，禁止未经请求的推广邮件，否则明确采用"选择加入"（opt-in）的模式。欧盟的立法通过限制防御性功能，补充了商业活动数据利用的透明度模式。再比如欧盟《一般数据保护条例》对于权力机关就种族民族、宗教信仰、性取向和性生活等相关数据采取特别的禁止性规定，即是因为这类特殊类别数据处理所带来的巨大隐私权干预性。

当然，面对权力机关监控能力不断提升的现实情境，隐私权什么时候应当发挥防御功能，什么时候需要发挥保障权力透明运行的功能，本书的思路是，通过针对新兴监控技术应用制定明确的标准，发挥隐私权的不同功能。这种标准和规范应当在隐私权防御功能（限制权力）和隐私权透明度功能（监管权力行使）之间进行切换。当社会对权力的信任变得脆弱时，可以重点发挥隐私权的防御性功能,当社会信任得到重建时,可以重点发挥隐私权的透明度功能。在当前恐怖主义的威胁成为许多国家重要的政治议题,大数据监控在维护社会稳定、保障国家安全中被普遍认为能够发挥重要作用的情况下,坚持隐私权的防御功能和权力透明度功能的结合具有重要的价值。一方面,隐私权从防御功能的角度包含对限制性法律措施的细化,比如对通信加密技术的监管、身份匿名技术的监管等等;另一方面,通过隐私权的权力运行透明度功能,法律需要对权力机关的数据收集和利用行为实施监管。

第三节　大数据环境下隐私权与公共利益的权衡

2013 年,美国国家安全局全球大规模监控项目曝光,引发了世界各国关于数据保护及隐私权与国家安全等公共利益之间关系的争论。大数据监控的支持者主张,大规模的数据收集和分析是维护安全的重要工具。理查德·波斯纳(Richard Posner)法官就认为,在全球恐怖主义和大规模杀伤性武器扩散的时代,政府迫切需要收集、存储、筛选和分析大量的个人信息,对隐私权的干预具有正当性。[1]威廉·斯顿茨(William Stuntz)甚至认为,在恐怖主义的严重威胁之下,隐私规则不仅仅是无法承受的,也是不正当的。[2]而大数据监控的反对者则质疑"所有大数据监控措施对维护安全都有效"的假设[3],

---

[1]　Richard A. Posner, *Not a Suicide Pact: The Constitution in a Time of National Emergency*, Oxford University Press, 2006, p.124.

[2]　William J. Stuntz, Secret Service: Against Privacy and Transparency, *New Republic*, 12, Apr. 17, 2006.

[3]　Daniel J. Solove, Data Mining and the Security-Liberty Debate, *The University of Chicago Law Review*, 2008, 75(1), pp.343—362.

并认为把所有无辜者都纳入大数据监控系统,将会对公民基本权利和公民自由造成可怕的后果。①隐私与公共利益的价值选择虽然并不是一个新问题,但在大数据监控社会中却面临激烈的价值分歧。

一、隐私权与公共利益权衡面临系统性问题

与其他宪法的基本权利相比,宪法隐私权议题的讨论是典型的现代社会的产物。②在以利益平衡为主导的宪法基本权利保护理论下,基本权利从来都不是以绝对权利来理解的。然而,在大数据监控条件下,隐私权与公共利益的平衡面临系统性问题。

(一) 对隐私权的限制规范缺乏限制

对基本权利的限制理论的出发点在于,个人并非独立存在的个体,而是生活在共同体之下,与他人有着密切关联的个体。③隐私权作为一项基本权利并非绝对的,同样受到限制。可以说,隐私权尽管是法治国家的一项核心价值,但是很明显,它是一项相对较弱的基本权利。以《欧洲人权公约》为例,从规范视角观察可以发现,公约将基本权利分为不同的层级。最高层级的接近于"绝对权利",比如第十五条第二款规定,除了因合法的战争行为而引起的死亡外,不得因上述规定而对第二条(生命权)有所克减,或对第三条(禁止酷刑)、第四条(第一款,禁止奴役和强迫劳动)以及第七条(不得溯及既往)有所克减;次一层级的是"一般权利",比如第五条(自由与人身安全)和第六条(公平与公开的审判)规定的基本权利,可以在紧急情况下有所克

---

① David Lyon, *Surveillance After Snowden*, Cambridge, Polity Press, 2015, p.11.
② 刘静怡:《隐私权的哲学基础、宪法保障及其相关辩论——过去、现在与未来》,载《月旦法学教室》第 46 期,第 40—50 页。
③ 赵宏:《限制的限制:德国基本权利限制模式的内在机理》,载《法学家》2011 年第 2 期,第 152—166、180 页。

减。最低层次为"可限制权利"，比如第八条（隐私权）、第九条（思想与宗教信仰自由）、第十条（言论自由）和第十一条（集会结社自由）规定的权利，这些条款的第二段都列举了可以进行限制的条件。隐私权即属于"可限制的权利"中的一种。该公约第八条第二款规定了广泛的干预隐私权的合宪性理由，比如依照法律规定，为了国家安全、公共安全或国家经济福利的利益，为了防止混乱或犯罪、为了保护健康或道德、或为了保护他人的权利与自由等。

　　该公约的规范结构借鉴了德国《基本法》对基本权利的限制模式。德国《基本法》构建了独特的"形式限制方式"与"实质限制方式"相结合的基本权利限制理论，也就是以"法律保留"作为对基本权利限制的形式要件，并对每一项基本权利的限制进行差异化处理①，同时又有对"法律保留"的一般性限制作为补充，为基本权利的限制设计了复杂又完备的规范框架。一方面，德国《基本法》要求对基本权利的限制适用法律保留原则。法律保留原则要求对基本权利的限制只能由法律作出，或者说权力机关对公民基本权利的干预必须要有法律的授权。法律保留原则寻求限制基本权利"工具"的许可性②，也就是由立法机关来决定限制基本权利的前提、范围和结果③，即立法机关的法律授权必须要明确。另一方面，德国《基本法》为基本权利条款设置了分层保护的模式，其规范结构一般为"某项基本权利保护的领域"＋"基本权利限制要件"。比如德国基本法第十条有关通信秘密权，其规范结构为，以"书信秘密、邮件与电讯之秘密不可侵犯"作为保护领域，"前项之限制唯依法始得为之。如限制系为保护自由民主之基本原则，或为保护各联邦

① 赵宏：《限制的限制：德国基本权利限制模式的内在机理》，载《法学家》2011年第2期，第152—166、180页。
② 陈新民：《宪法基本权利之基本理论》（上），元照出版社2002年，第186页。
③ 赵宏：《限制的限制：德国基本权利限制模式的内在机理》，载《法学家》2011年第2期，第152—166、180页。

之存在或安全,则法律要规定该等限制无须通知有关人士,并由国会制定或辅助机关所为之核定代替争讼"作为限制要件。对基本权利的区别性限制,使权力机关对公民基本权利的限制目的、范围、方法等方面都有了明确的依据。相比较以"公共利益"的概括性限制是更为精细的立法技术。

(二)隐私权与公共利益的"利益衡量"被简化为少数人与多数人的博弈

"公共利益"概念的抽象性和概括性使其对基本权利的限制最终成为一个价值命题。如果将宪法隐私权视作个人权利,对其施予的保护只能是对个人利益的回应,隐私也就意味着一种秘密主义倾向。社会与民主秩序的福祉及存续都高度依赖信息的公开性和可得性,如果隐私权旨在屏蔽信息向公域的流动,则隐私权将被视为"非民主的"。与此同时,在打击恐怖主义和国家监控需求迫切提升的背景下,个人的秘密主义更在与被认为有助于社会或者政治公益的利益,也即被认为更"民主"的"公共利益""国家安全"等利益权衡中败下阵来。自"9·11事件"之后,世界各国政府不断推出大规模公众监控项目,大幅度缩限公民隐私权的做法,凸显出隐私权面临着不可逆转的破坏性风险,成为一种极为脆弱的价值观。此外,如果社会整体缺乏对多元价值的认同,那么很大程度上代表个人主义价值的隐私权,往往在与代表多数人的"公共利益"的权衡中处于劣势。在此,隐私权与公共利益的利益衡量往往被简单化为少数人与多数人的博弈。

(三)民法意义上个人数据的商品化趋势削弱了宪法隐私权的价值和地位

2012年3月,美国政府发布《大数据研究和发展倡议》,把大数据称作"未来社会发展的新石油"[①]。大数据技术的发展使数据资源的价值得以重

---

① 王忠:《美国推动大数据技术发展的战略价值及启示》,载《中国发展观察》2012年第6期,第44—45页。

新发掘,大数据在市场主体间的交易也因此风起云涌,数据商品化成为一种趋势。在大力推动大数据交易市场发展的背景下,个人数据沦为可交易的商品。一些学者采用法律的经济分析方法,将隐私视为一种财产权。比如,波斯纳在《法律的经济分析》一书中就将数据隐私法的功能视为物权法的一个分支。①信息隐私权即每个人对个人资料拥有一种"无形财产权",个人可以在市场上合法地"销售"他们的个人信息,个人选择最佳的隐私配置,无需国家进行父母式的干预。在民法意义上隐私权消减的趋势也影响了在宪法意义上公民隐私权的价值和地位。"信息自决"概念由此被误解为是一种控制和操纵自己的信息和数据的自决行为。

　　人们对信息自决权的误解,影响了人们对隐私在促进人的自主能力发展上的价值认知。在普遍性的"占有性个人主义"(possessive individualism)以及私有财产和市场法律被视为配置权利最有效方式的情况下,信息自决权被简化理解为一种可转让的个人资料和信息的财产权,权利被降格为满足个人对数据的直接偏好,以及个人是否披露个人信息或将个人信息商品化的选择权。这样的做法将导致大部分人放弃对个人数据和隐私的保护,而选择获得即刻的满足或商业利益。②然而,信息并不是先于表达或披露而存在的,信息在某种程度上是构建性的。没有哪种自然的或原生的权利可以通过个人的信息和数据而拥有。这有助于我们认清当前有关个人信息商品化与个人信息及隐私的不可转让性之间的争议。信息和数据并非人格或自我预先存在的要素,"自我"不仅仅是不可约束的,并且与数据和信息具有根本的不同。个人对他所产生的数据和信息的控制,是个人实现"自决"的一

---

① ［美］理查德·波斯纳:《法律的经济分析》,法律出版社 2012 年版,第 79—95 页。
② Antoinette Rouvroy, Yves Poullet, The Right to Informational Self-determination and the Value of Self-development: Reassessing the Importance of Privacy for Democracy, in Reinventing Data Protection, Springer, Dordrecht, 2009, pp.45—76.

个（必要但不充分的）先决条件。隐私和数据在促进人的自主能力的发展上具有的价值是不可以被放弃的，这种价值无法放在新兴的个人信息市场上进行交换。因此，必须重新评估宪法隐私权的价值和功能。

（四）大数据监控措施对公共利益的有效性缺乏内外部审查

当前，大数据监控措施的运用普遍都基于这样一个假设，即它是保护国家安全和公共安全的重要工具。运用大数据研究模型分析数据可以识别恐怖分子的特征和行为，有助于尽早发现威胁。在这样的假设和逻辑之下，对隐私与安全的利益平衡就简化为，隐私利益是否足够重要到需要避免使用这种有效的反恐工具？当涉及恐怖主义等严重的国家安全问题时，隐私利益几乎不存在博弈的空间。

那么是否要由司法机关来对大数据监控措施的有效性实施审查呢？即使是在具有分权制衡悠久传统的美国，提出由司法机关来审查国家安全措施的有效性仍然遭到了强烈的反对。理查德·波斯纳法官就提出，法官在评估某项安全措施时，应当给予行政部门相当的尊重。在其《并非自杀协议：国家紧急状态下的宪法》一书中，波斯纳认为，司法克制是明智的，因为当对某一措施的实际或可能的后果持有怀疑时，对国家安全并没有太多了解的法官倾向于尊重行政机关的意见。[1]埃里克·波斯纳（Eric Posner）和艾德里安·弗穆尔（Adrian Vermeule）也认为，针对新的安全威胁及其响应，行政机关比司法机关要更具专业性和判断能力。在紧急情况下，司法程序对国家安全措施的干预是不恰当的，甚至阻碍对新安全威胁的响应。相比立法机关和司法机关，行政机关更有能力在自由和安全之间作出权衡。[2]

---

[1]　Richard A. Posner, *Not a Suicide Pact：The Constitution in a Time of National Emergency*, Oxford University Press, 2006, p.37.

[2]　Eric A. Posner, *Adrian Vermeule*, *Terror in the Balance：Security, Liberty, and the Courts*, Oxford University Press on Demand, 2007, p.18.

这种观点认为,在恐怖主义威胁国家安全的情况下,宪法隐私权应当退守,以便让行政机关能采取强有力的应对措施,也就是隐私利益完全让位于安全利益。

二、隐私权和公共利益的权衡并非零和博弈

当前,有关隐私权和公共利益的争议需要澄清一个基本的逻辑错误,即将隐私权与公共利益的权衡视为一种零和博弈。比如埃里克·波斯纳和艾德里安·沃缪勒(Adrian Vermeule)就认为,公共利益的增加意味着隐私和自由的减少。[①]隐私权与公共利益的平衡的讨论往往集中在是否应该实施某项政府大数据监控项目上。换句话说,在隐私权和公共利益的权衡下只能选择其一。然而,这种讨论的逻辑显然有悖于主流的宪法基本权利理论,也就是反对基本权利的绝对保护。

首先,并非所有的大数据监控措施都会侵犯公民隐私权。在大数据监控措施的有效性和隐私权的克减之间并没有确定的相关性。换句话说,最有效的监控措施不一定是对隐私权干预最大的。这需要对大数据监控措施的有效性进行科学的评估和判断。其次,隐私权的非绝对性本质决定了宪法并不禁止实施大数据监控,但是要求政府证明其措施的正当性、有效性和合比例性,并引入外部监督机制。比如根据美国宪法第四修正案,政府可以实施多种干预公民宪法隐私权的搜查和扣押行为,其合法要件是政府向中立的法官或地方法官证明其干预隐私的行为具有正当性,在取得法官颁发的搜查令之后实施隐私干预行为。

因此,有关隐私权与公共利益平衡的问题讨论应该集中在,政府在没有

---

① Eric A. Posner, *Adrian Vermeule*, *Terror in the Balance: Security, Liberty, and the Courts*, Oxford University Press on Demand, 2007, p.37.

获得立法授权(法律保留原则)或司法令状(比如美国司法机关颁发的法院搜查令和法院命令)的情况下,是否被允许实施大数据监控? 也就是说没有立法授权或司法令状的情况下,是否允许政府拦截公民的电子邮件或监听公民电话? 是否允许政府大规模收集公民的通信元数据以预测公民行为? 是否允许以风险预防为理由实施广泛的社会监控? 在此,隐私权与公共利益的利益平衡,不仅需要审查隐私干预措施的有效性、必要性,还需要加强对大数据监控措施实施的监督和控制,限制行政机关的自由裁量权。

三、以"隐私影响评估"为核心构建利益权衡结构

对宪法隐私权的限制加以限制,意味着要在隐私权与公共利益之间寻找最佳平衡点。这种平衡可能会降低实施大数据监控的权力机关所追求的安全效率,但却是现代法治国家必须付出的代价之一。

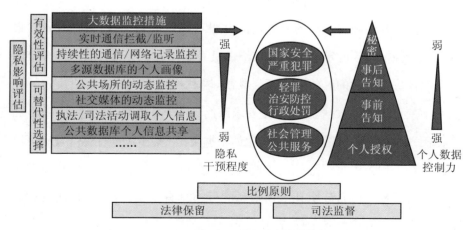

图3.1　隐私权与公共利益的权衡结构

本书试图以隐私影响评估为核心构建隐私权与公共利益的权衡结构。以法律保留原则、比例原则等宪法原则为基础,将"隐私影响评估"机制细化

为合法性评估、必要性评估、合比例性评估、权利和自由风险评估、个人权利实现评估、风险减轻措施评估等一系列评估。在隐私影响评估基础上,界定公权力侵入个人隐私的限度,赋予个人对数据的不同控制力,探寻价值冲突的现实解决路径。

（一）隐私影响评估机制的引入

隐私影响评估(Privacy Impact Assessment)并不是新生事物,这个概念来自 20 世纪 70 年代美国技术评估办公室(Office of Technology Assessment)的"技术评估"要求以及环保部门要求的"环境影响报告书"(Environmental Impact Statements)。[1]20 世纪 90 年代中后期,隐私影响评估开始广为使用。它出现的驱动力可以有两种不同的解释。首先,隐私影响评估的出现源自 20 世纪下半叶以来,政府和企业日益侵入私人领域的公众反应。越来越多的人呼吁控制这些过度侵入个人生活的新技术的使用,并使其保持透明度。另一项驱动因素是理性的技术管理的自然发展。隐私保护成为组织成功的战略变量,通过隐私影响评估能够增加消费者/公民对其行为的信任度。

隐私影响评估区别于遵从性检查和隐私审计,因为它具有预期性、积极性和风险管理导向。但是在传统上,隐私影响评估往往并非强制性的义务,其适用范围也非常有限。政策制定者将其作为一种政策工具,谨慎地应用于证明新技术、新产品、新服务的无害性上。

近年来,在欧洲人权法院、欧洲法院与监控相关的判例和欧洲数据保护立法中,开始出现通过风险评估原则加强隐私权保护的理念主张。欧盟的立法机关也在积极推动构建大数据监控隐私风险评估的方法论,试图加强

---

[1]　Roger Clarke, *Computer Law & Security Review*, 25, 2(April 2009), pp.123—135.

立法的科学性，来更为合理地平衡隐私权与公共利益之间的关系。

在立法过程中引入隐私风险评估可以视为该项制度的一大突破。法律草案进入立法审议之前，需要研究特定个人数据活动的必要性、合比例性、目的限制，以及确认是否采取了良好的安全措施和赋予个人行使权利的机会。隐私风险评估的结果可以在法律草案的解释性说明中提出，并向公众公开。

此外，在大型数据监控项目中实施隐私影响评估也成为强制性的法律义务。比如欧盟《一般数据保护条例》和《警察指令》中都提出了对高风险的个人数据处理行为实施数据保护影响评估（DPIA）的要求。欧盟委员会在制定《一般数据保护条例》的立法文件中就表示，隐私影响评估作为一种隐私威胁预防措施，可以使新兴监控技术的应用带来的风险最小化。[①]比如，针对图 3.1 中所列举的一系列大数据监控措施实施隐私影响评估，确定不同的大数据监控措施的隐私干预性，以此和监控所要实现的目标（国家安全、调查严重犯罪、轻罪、治安防控、行政处罚、社会管理、公共服务）进行对照，以确定大数据监控的目的和实施的手段之间的比例关系。值得注意的是，欧盟委员会和多个欧洲国家共同推动的 SAPIENT 项目，为欧洲实施"监控影响评估"建立了方法论[②]，以评估新兴监控技术的适用对个人隐私和自由带来的风险和威胁。

（二）隐私影响评估的核心是比例原则

隐私影响评估遵循的最为核心的宪法原则即是比例原则。"比例原则"是德国联邦宪法法院为解决无法律保留的基本权利的限制问题而提出的理

[①] Wright D., Gellert R., Gutwirth S., et al., Minimizing Technology Ricks with PIAs, Precaution, and Participation, *IEEE Technology and Society Magazine*, 30(4), 2011, pp.47—54.

[②] David Wright: Developing and Testing a Surveillance Impact Assessment Methodology, *International Data Privacy Law*, 5(1), 2014, pp.40—53.

论,但其本质却是在宪法整体秩序下,对发生冲突的基本权利进行利益平衡、寻求实践调和的思考模式。①在隐私影响评估中,"比例原则"被细化为合目的性评估、必要性评估、合比例性评估、可替代措施评估等一系列评估。通过评估大数据监控措施的目的、有效性和必要性,保证公权力机关采取的大数据监控措施有助于国家安全等目标的实现。如果监控措施无助于所追求目标的实现,则可以直接判断该大数据监控措施违反比例原则。可替代性评估要求实施的监控措施对隐私权造成的损害是最小的,付出同样或更少成本的情况下,并没有其他可以替代的措施实现同样的目的。需要特别指出的是,评估包括恐怖主义威胁在内的国家安全威胁的严重性是相当困难的,安全还是隐私更多时候是一种政治选择,代议机关即是形成社会共识的合法机构。在此,审查大数据监控措施对维护国家安全的有效性是核心内容。立法机关对大数据监控措施的有效性作出有意义的审查,应当确保采取的安全措施是有效且成本合理的。如果立法机关不对政府大数据监控措施的有效性进行质疑,那么国家安全利益将始终具有优先性。

（三）通过风险评估为基本权利限制提供科学的判断标准

通过对大数据监控项目的个案评估,对冲突的利益各方赋予权重,进而实施法益的衡量;通过引入风险评估方法,使法益衡量不再是单纯的法感,而是具有了理性的、具体的操作方法。风险评估方法为基本权利限制提供了科学的判断标准,从而在隐私权的保护上走出了方法论的困境。

当评估结果认为,大数据监控技术对隐私侵害的风险特别大时,可以提高对隐私权干预的合法性标准,更多地发挥隐私权的防御功能,以更大程度地促进社会信任。当评估结果认为,大数据监控技术对隐私侵害的风险并

① 赵宏:《限制的限制:德国基本权利限制模式的内在机理》,载《法学家》2011 年第 2 期,第 152—166、180 页。

非特别大时,可以更多地发挥宪法隐私权的规范权力透明运行功能,通过程序性控制,实现隐私权保护。两种机制共存的现实,意味着需要对大数据监控技术的使用实施持续的评估,因此除了"立法前评估"以外,"立法后评估"也应当更为积极地发挥作用。此外,对合法性标准的选择也可能是动态变化的。当社会信任程度高时,可以更多地发挥宪法隐私权的透明功能,当社会信任变得脆弱时,可能需要更多地发挥宪法隐私权的防御功能,更严格地阻挡公权力对私人领域的干涉。

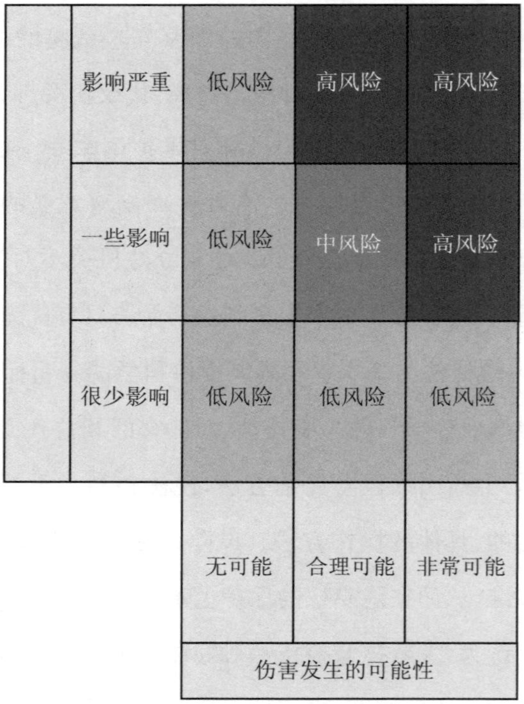

影响严重	低风险	高风险	高风险
一些影响	低风险	中风险	高风险
很少影响	低风险	低风险	低风险
	无可能	合理可能	非常可能
	伤害发生的可能性		

图3.2 隐私风险可能性与影响严重性

另外,立法机关实施监控影响评估需要正视当前大数据监控条件下隐私权干预措施的多样性和复杂性。比如个人数据画像、人工智能等新兴的大数据监控措施对隐私权的侵害程度难以实际确定。智能手机的定位功能比一般的 GPS 设备更为先进,其监控和追踪功能要远大于传统的 GPS 追踪设备。因此,这种根据监控影响评估得出的强监控和弱监控的评价不应针对信息的性质,而应主要针对监控行为的敏感性。比如,收集较长时间内的通信元数据可以对个人整体的通信进行描述,这可能使长时间或大规模收集通信元数据的行为成为敏感的数据监控措施。因此,在对私人生活侵犯行为进行评估之时,强监控和弱监控的区别必须十分小心。保护标准应更多地基于侵犯的程度,而不是侵犯的种类,且要适应新技术层出不穷的现实。

(四)在隐私影响评估结果基础上赋予个人不同程度的数据控制权

基于不同的公共利益目标,根据隐私影响评估的结果,赋予个人不同程度的数据控制权。监控措施的必要性越高,对隐私权的干预程度就越强,导致个人对自身数据的控制力就越弱,知情权等权利就受到更多的限制。比如为了打击恐怖主义和严重犯罪活动而实施的通信拦截措施,一般都是秘密进行,执法机关往往还要求提供协助义务的网络运营者遵守保密义务(见图 3.1)。2016 年,微软就曾起诉美国司法部滥用保密命令,禁止微软告知用户其数据正被执法机关获取,侵犯用户的知情权。[①]而对于政府在公共服务活动中进行的数据库个人信息共享和利用,个人数据处理的必要性降低,则应依据个人数据保护法遵循"目的限制原则""透明度原则",赋予数据主体"自动化数据处理结果的拒绝权"等更多的个人数据控制力。也就是说,个人数据的使用需符合收集时的目的,如果超出目的使用,需获得数据主体的再次授权;数据主体应当有权了解政府收集的个人数据的内容、目的和利

---

① 何丽:微软起诉美国司法部滥用保密命令,http://www.ftchinese.com/story/001067128,访问时间:2017 年 9 月 10 日。

用方式;对于政府利用大数据算法对个人权益作出有影响的决定,数据主体有拒绝适用的权利等等。

（五）利益权衡的正当性基础

宪法隐私权与公共利益权衡的正当性可以建立在"法律保留原则"的基础上。德国法中提出的"法律保留原则"为基本权利的限制提供了一项重要的宪法原则。法律保留原则意味着对宪法隐私权的限制只能由法律作出,权力机关实施限制隐私权的大数据监控措施只能由法律授权。隐私权与公共利益权衡的正当性主要来自两个方面:一方面是立法机关作为代议机关而具有的对基本权利限制的民主正当性。另一方面,立法技术的科学化带来的正当性。由立法机关承担对基本权利限制的任务,意味着由立法机关承担对政府大数据监控项目的许可审查。立法机关通过对大数据监控措施实施隐私影响评估、有效性评估、可替代性措施评估,增加决策的科学性;通过引入专家评估、听证、质询、公开辩论,增加权力机关大数据监控措施的公开性和透明度,在外部监督之下授权行政机关合法干预公民宪法隐私权。

（六）发挥司法审查的监督作用

基于权力制衡理念,即所有政府机关都应当在基本权利保护中发挥作用,以实现大数据监控措施的合宪性控制。美国乔治敦大学宪法学教授亚历山大·阿列尼科夫（Alexander Aleinikoff）认为,利益平衡主导着宪法的主要领域。①一方面,司法审查并不是对行政和立法的绝对限制,而是为了实现公权力与宪法隐私权之间的平衡。司法审查进行利益平衡的逻辑是,法院分析政府利益的重要性,特定措施在保护该利益的有效性,以及在不过度侵犯宪法基本权利的情况下,实现一定程度的政府利益。另一方面,虽然

---

① T. Alexander Aleinikoff, Constitutional Law in the Age of Balancing, *The Yale Law Journal*, 96(5), 1987, pp.943—1005.

法官并不具有行政机关的专业才能,但是国家安全方面的专门知识并非平衡安全与隐私的必要条件。司法机关可以要求政府的专家提供令人信服的理由,以证明大数据监控措施对维护国家安全的有效性。利益平衡中的关键问题是大数据监控措施在多大程度上能保障国家安全利益。如果司法机关一味顺从行政机关的意见,认同安全措施的有效性,那么他们实际上没有回答最终的问题,即该安全措施是否符合宪法要求,是否对隐私权和个人自由造成不当限制。司法机关的顺从是对其职能的放弃,无法发挥权力制衡功能。

四、"隐私影响评估"的实施步骤

(一)隐私影响评估实施概述

大数据监控系统可能会增加个人、团体、组织乃至整个社会的风险。隐私影响评估的目的是评估与大数据监控有关的项目、政策、计划、服务、产品或其他措施对隐私等基本权利和伦理价值所构成的风险。风险评估针对的是某一事件发生的可能性及其后果(影响)。隐私影响评估应当包括与利益相关方的磋商,并针对评估得出的风险采取必要的风险缓解措施,以消除、减少、转移或分担风险。隐私影响评估应在大数据监控系统的整个生命周期内实施,当监控系统发生变化或出现明显的新风险时重新进行评估。隐私和数据保护影响是评估的核心,但大数据监控也可能影响其他基本权利以及伦理和社会准则。

隐私影响评估的实施者包括:(1)监控系统、技术或应用的开发者;(2)正在或计划运行或采购监控系统的主体;(3)需要对监控系统申请进行评估的监管者。

开发或部署可能对隐私造成重大负面影响的大数据监视系统时,需要遵循四项基本原则：

一是大数据监控系统必须具有合法性。

二是大数据监控系统的开发者或运营者必须能够证明大数据监控的必要性。对必要性的证明不仅仅需要从成本效益的角度出发，来证明没有更经济有效的方案，并且需要通过证据和系统推理，说明开发或部署大数据监控系统的正当性。开发者或运营者应当说明考虑过哪些较少隐私侵害的替代性方案，以及为什么它们不足以实现设定的目标。

三是大数据监控系统必须满足伦理的要求。

四是大数据监控系统的开发者或运营者必须证明使用该系统的收益大于负面影响。

为了确保这些原则得以适用，大数据监控系统的开发者最好在开发过程中或在系统部署时开展以下三项任务：

第一，提议的大数据监控系统必须在开发技术或系统之前或正在开发时实施隐私影响评估，目的是识别和评估有关风险，确保该系统不会违反公众利益。隐私影响评估必须咨询利益相关方并保持透明度。隐私影响评估必须提出风险减轻建议。

第二，大规模监控系统在部署之前必须经过立法机关或监管机构的批准。即使在监控系统部署之后，也应对其进行控制，以确保保障措施得到适当执行，并确保及时报告任何违规行为。

第三，隐私影响评估和监控系统应由独立的第三者进行审计，以确保隐私影响评估提出的建议得到采纳；如有些建议未获采纳，则应确保有足够理由解释为何没有采纳。审计工作应定期或在必要时进行。

（二）隐私风险评估的基本步骤

评估大数据监控系统的风险或影响时，应采取以下步骤：

1. 确定风险标准,即确定评估风险的框架。

2. 确定风险,即列举利益相关方担心的事件和可能导致这些事件的相应威胁。

3. 分析风险,即了解风险的性质,并确定每种风险的后果和可能性。

4. 评估风险,也就是对风险进行排序,确定风险处理的优先级。

负责大数据监控系统的组织应实施风险处理,并确定和实施风险控制措施。评估者应识别、分析及评估个人及团体(包括社会)面对的威胁及脆弱性,量度风险产生的影响,并提出管理这些威胁及脆弱性的风险措施控制。

一般而言,风险可能与下列因素有关:

1. 风险来源或范围(即涉及的资产及主要成本、发生的时间及地点)。

2. 特定的活动或事件。

3. 风险发生的具体原因(即利用漏洞的威胁)。

4. 风险产生的后果(影响)。一项风险可能会在财产、技术、操作及/或人为方面造成后果。

5. 风险控制措施及其有效性。

(三) 隐私影响评估的具体实施

1. 准备阶段

(1) 确定是否有必要实施隐私影响评估。如某一机构正在开发监控技术或正在开发、部署或运营监控系统,在某些情况下,例如大数据监控项目涉及国家安全或执法,可能不适用监控影响评估。组织应向相应的监管机构咨询。

(2) 组织隐私影响评估团队,设定其职权范围、资源和时间期限。组织必须拨出适当的资源,以支持隐私影响评估工作。缺乏资源将直接影响隐私影响评估的质量。开发或部署监控技术或系统的项目管理者应负责实施隐私影响评估,并可能需要来自外部专家的支持。评审小组可包括项目管理者或其代表、律师、技术人员、沟通专家(负责与利益相关方接触)、财务专家(负责分析拟议系统的成本效益)、运营分析师、伦理学家等。

(3)描述说明拟议的监控系统。它将涉及哪些类型的监控,使用监控技术、应用或系统的范围和目的是什么?为什么要进行这个项目?将收集哪些数据?谁可查阅所收集的数据?数据会被共享吗?如何保护所收集的数据?谁负责这个项目?项目的描述应该提供相关背景信息。

(4)检查拟议的监控系统或技术是否符合法律规定。项目可能涉及几种不同的相关立法(数据保护、通信保密等)。隐私影响评估并非纯粹的合规检查,但项目必须符合相关法律。

(5)评估者应确定参与隐私影响评估的利益相关方。包括正在为谁开发监控系统?谁将成为监控系统的目标?监控系统针对特定的个人或团体,还是大规模人群(例如,地铁、公共汽车或街道上的闭路电视摄像头)?谁代表利益相关者?有多少人会被监控?利益相关者可以包括组织内外部的人员、监管机构、客户、公民倡导组织、供应商、服务提供商、制造商、系统集成商、设计者、学者、媒体等。需要咨询的利益相关方的范围和数量应取决于隐私、伦理和社会风险以及对这些风险的频率和后果的假设。

2. 风险识别和分析

这一阶段的重点是风险识别和分析。风险识别的目的是确定哪些可能发生的事件会对利益相关方的主要资产产生消极后果,以及发生事件的地点、情况和理由。评估还包括风险事件受影响的人口规模。风险分析是风险管理者评估和理解风险水平及其性质的过程。并非所有的风险都有同样的严重性后果或可能性。为了评估这些风险并制定对策,可以对主要资产、威胁、脆弱性和后果赋值。

风险识别和分析的关键步骤：

第一，确定风险标准，即用于评估风险严重性的标准。

第二，识别风险事件，利益相关方应在其中扮演重要角色。

第三，分析事件的严重性（范围和后果），重点关注最重要的事件。

第四，确定支持资产，以及这些资产面临的威胁。

第五，分析威胁的可能性（根据资产的脆弱性和威胁来源的能力）。

第六，创建风险地图。

（1）咨询利益相关方

风险识别和分析应与利益相关方密切协商进行，以便他们能够为识别和分析风险作出贡献。协商中应收集利益相关方有关隐私影响评估应考虑的主要资产（有形资产和无形资产）的意见。利益相关方可以帮助确定这些事件可能利用的资产的脆弱性。利益相关方还可以帮助查明和评估旨在利用脆弱性的威胁来源。评估者可以使用各种咨询技巧，包括调查、研讨会、焦点小组、德尔菲法等。

与利益相关方协商将有助于评估他们对所审议资产面临风险的关切和看法，以及他们对处理风险的备选方案的投入。一般建议通过进行焦点小组来实施利益相关方的参与。焦点小组是由大约 4—12 人组成的利益相关方小组，由一名经验丰富的主持人提供协助，通过观察小组中的讨论，了解利益相关方对相应主题的偏好和价值观。当某一议题背后具有复杂动机和目的时，这种讨论有助于达成共识。

（2）建立风险标准

参与隐私影响评估的各方应商定一套初步的风险标准。识别和分析风险是一个迭代过程，因此在执行了初始分析之后，风险标准可能会被重新审视,并为第二次迭代重新调整,以此类推。

组织必须就如何处理风险达成一致标准,这些标准通常基于技术、财务、监管、法律、社会或环境标准或这些标准的组合。隐私风险评估中所考虑的主要风险标准包括:影响标准和应考虑的后果;危害发生的可能性标准;确定该风险程度是否需要进一步处理的规则。也可以考虑加入其他的风险标准,特别是考虑评估系统产生"功能蠕变"的可能性。

(3) 识别和分析风险事件

这一步的重点是风险事件。风险事件是指任何可能对主要资产产生负面影响的事件,例如对无辜者的诬告、接受身体扫描的个人丧失尊严或将某一特定人群笼统归类为"高风险"。利益相关方可以帮助识别风险事件,以及如果发生风险事件,该主要资产可能发生的问题。

风险分析的基础是风险事件,首先需要确定利益相关方的主要资产以及这些资产可能发生的风险事件。主要资产是指对受影响的一方(无论是个人还是组织)具有价值(不一定是货币),因此需要保护的任何资产。主要资产可以是有形的或无形的。例如,一个人的隐私、尊严和名誉可以被视为资产。主要资产的价值可以通过确定更换资产的成本或难度,以及如果资产受到损坏,对受影响的组织、个人、团体和社会造成的后果来确定。

风险事件可能是偶然的,也可能是蓄意的;可能是自然的,也可能是人为的。他们可能来自组织内部也可能来自组织外部。在此,风险事件和威胁需要作出区分。在确定和分析主要资产和风险事件之后再考虑威胁。

评估小组及/或利益相关方应就每个风险事件,评估有多少人(组织或团体)可能受到有关事件的影响。风险事件的影响范围可以分为以下四级:

可忽略不计的影响:只有极少数人士(团体或组织)会受到风险事件的影响。

有限影响：一些人（可能是某些特定群体）将受到影响，但占人口比例不大。

影响重大：许多人（不是所有人）将受到影响，占人口比例很大。

最大程度影响：全社会每个人都将受到影响。

评估小组的成员应该根据其认为最符合风险事件的潜在影响范围，分配从 1 到 4 的值，并在讨论后达成共识或使用平均数值。

评估小组应评估风险事件产生的后果，也就是对个人、团体、组织和社会造成多大的损害。风险事件产生的损害也可以分为以下四级：

可忽略不计的损害：个人、团体、组织和社会要么不会受到影响，要么可能会遇到一些不便，但他们会克服这些不便而不会遇到任何问题（花费时间重新输入信息、烦恼、恼怒等）。

有限损害：个人可能会遭遇重大不便，尽管有一些困难（额外费用、被拒绝获得商业服务、恐惧、缺乏理解、压力、轻微的身体疾病等），他们仍能克服这些不便。

重大损害：个人可能会遇到重大后果，尽管存在严重困难（银行列入黑名单、财产损失、失业、传票、健康状况恶化等），但他们应该能够克服这些困难。

最大程度损害：个人可能会遭遇重大，甚至是不可逆转的后果，而这些后果可能无法克服（如巨额债务或无法工作、长期心理或生理疾病、死亡等）。

评估小组的成员应该根据其认为最符合风险事件的潜在影响的水平，分配从 1 到 4 的值，并在讨论后达成共识或使用平均数值。

最后，风险事件的后果（影响或严重程度）是通过"受影响范围"的共识数字或数值平均数加上"风险事件带来的损害程度"的共识数字或数值平均数来确定的。

（4）识别和分析威胁

仅仅确定可能发生的事件和对象是远远不够的。事件发生的方式多种多样，因此评估所有重大原因和场景并进行威胁分析非常重要。在该步骤中，目标是获得一个详细的、优先排序的所有威胁的列表。

由于威胁是威胁来源对支持资产可能采取的行动，因此首先应该识别支持资产。如果人们担心从身体扫描仪上拍摄的裸体图像的传播会损害自己的尊严，那么主要的资产将是"尊严"，而辅助资产将是身体扫描仪的数据库或成像部分。

其次，需要识别对这些支持资产的威胁，并评估它们应对威胁的脆弱性。也就是说，威胁能在多大程度上利用这些脆弱性？例如，我们可能想知道闭路电视摄像系统拍摄的视频流有哪些漏洞。威胁可以分为四个级别：

微不足道的威胁：利用资产进行威胁似乎是不可能的（例如，闭路电视系统不存储任何视频，也没有连接到网络）。

有限的威胁：利用资产的特性进行威胁似乎很困难（例如，闭路电视系统不记录视频流，但是连接到网络，因此攻击可能截获信号）。

重大的威胁：利用资产的特性进行威胁似乎是可能的（例如，闭路电视系统长时间存储视频流，并连接到公共网络）。

最大程度的威胁：利用资产的属性来实施威胁非常容易（例如，闭路电视系统的视频流可以通过不安全的网络界面获得）。

评估小组的成员就他认为资产的脆弱性打分，选择从 1 到 4 的数值，通过讨论达成共识或选择平均值。

再次，评估小组应评估威胁的严重程度。威胁来源有何能力利用资产的漏洞（技能、可用时间、财产资源、接近系统的程度、动机、逃脱惩罚的可能性等）？例如，评估小组可能会考虑一个窃贼攻击闭路电视系统的能力（因为闯入公寓害怕被发现）。威胁的严重程度也可以分为四级：

可忽略不计的威胁：风险代理人似乎没有任何实施威胁的特殊能力（例如，典型的窃贼并不擅长闯入计算机系统）。

有限的威胁：风险代理人进行威胁的能力有限（例如，由于闭路电视系统处于不安全的公共网络搜索中，窃贼可能碰巧发现它）。

重大的威胁：利用资产的特性进行威胁似乎是可能的（例如，闭路电视系统长时间存储视频流并连接到公共网络）。

最大程度的威胁：利用资产的属性来实施威胁似乎非常容易（例如，闭路电视系统的视频流可以通过不安全的网络界面获得）。

评估小组的成员从 1 到 4 的数值中选择一个最符合他们对风险源能力的假设值，通过讨论后达成共识值或采取平均数值。

最后，确定威胁发生的可能性的方法是，将分配给资产脆弱性的值和分配给风险来源能力的值相加。

（5）绘制风险地图

用于分析风险及其发生的方法和工具包括检查表、基于经验和记录的判断、流程图、头脑风暴、系统分析、场景分析和系统工程技术。分析风险具有主观性，因此需要有一个平衡和具有代表性的利益相关者参与这一进程。

该步骤的目的是评估风险并获得风险地图，以确定处理风险的顺序。风险评估是将风险分析结果与风险标准进行比较，以确定风险是可接受的还是可容忍的。在风险评估阶段，组织必须决定哪些风险需要处理，哪些不需要处理，以及处理的优先顺序。

对风险决策是基于以下方面的风险程度：风险事件的严重性：风险事件发生的范围和后果是什么？风险事件发生的可能性：威胁来源利用资产脆弱性的能力如何？其他评价参数包括可能同时发生或在一段时间内发生的

一系列事件累积的影响。

　　注：风险程度＝风险事件后果严重程度＊风险事件发生的可能性。

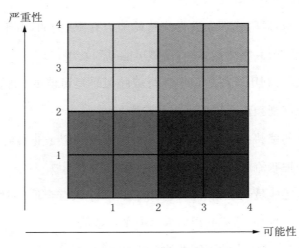

图 3.3　风险等级评估表

　　在地图上定位风险有助于风险管理团队确定处理风险的优先顺序，并据此制定战略，同时考虑到以下因素：

　　首先，必须采取措施降低风险的严重性和可能性，从而避免或减少严重性和可能性极高的风险。理想的情况是，谨慎地确保这些风险是通过独立的预防措施（在风险事件发生之前采取的行动）、保护（在风险事件发生期间采取的行动）和恢复（在风险事件发生之后采取的行动）来处理的。

　　其次，必须采取措施降低风险的严重程度或可能性，从而避免或减少严重程度高但可能性低的风险，其重点必须放在预防措施上。

　　再次，必须通过实施降低风险可能性的安全措施来降低严重程度低但可能性高的风险，其重点必须放在恢复措施上。

　　最后，严重程度和可能性较低的风险可以接受（例如公共汽车上的闭路电视）。

3. 风险应对和建议

该阶段涉及对已评估的风险实施应对措施，并撰写风险评估报告。它包括以下步骤：

第一，规划风险处理，即选择和实施风险处理措施的过程。处理方案包括消除风险、优化（最小化或修改）、转移或保留风险。不是所有的风险都具有相同的负面影响的可能性；一些风险可能会带来机遇。风险管理者应该将管理风险的成本与所获得或预期的收益进行比较。重要的是要考虑到所有直接和间接的成本和利益，无论是有形的还是无形的，并以财务或其他方式计量。风险应对计划应说明如何实施所选择的方案，并应提供以下必要信息：拟议的行动、优先事项或时间计划；所需资源；拟议行动所涉各方的角色和责任；绩效评价；报告和监测要求。

关于风险处理，决定如何减轻或消除、避免或转移大数据监控系统所构成的风险，这一定程度上是一个政治性的决定。评估者甚至可考虑拟议监控系统的其他可行方案，或至少考虑可行方案的一部分。在考虑备选方案时应尽可能广泛梳理相关问题，包括：监控系统的哪些部分是绝对必要的？建议的监控系统的规模可否缩小？是否可以改进对系统的监督？有没有可能考虑彻底废除这一制度？所考虑的备选方案应考虑到风险评估工作以及利益相关方协商。

第二，编写大数据监控隐私风险评估报告。报告应包括一系列建议，并明确建议针对的对象（有些可能针对组织内的不同单位，有些针对项目经理，有些针对首席执行官，有些针对雇员，有些针对监管机构，第三方应用程序开发者等）。如果利益相关者看到了建议草案，在最终定稿之前，他们可以对现有建议提出改进建议。

第三，执行报告提出的建议。如果有些建议没有被采纳，机构应该说明为什么不打算执行某些建议。

第四，在组织的网站上发布报告。有关商业敏感或安全敏感的问题可以放在机密附件中。报告应尽一切努力详细说明决定不在报告中提供相关的理由。组织应设立隐私影响评估报告索引，让访问者可以查阅所有隐私影响评估报告，如有可能，报告还需提交有关监督机构。

第五，隐私影响评估报告须经独立的第三方审计，以确保上述建议得到妥善执行及落实。

第六，如在大数据监控系统或技术有重大改变，则应更新或重新实施隐私影响评估。

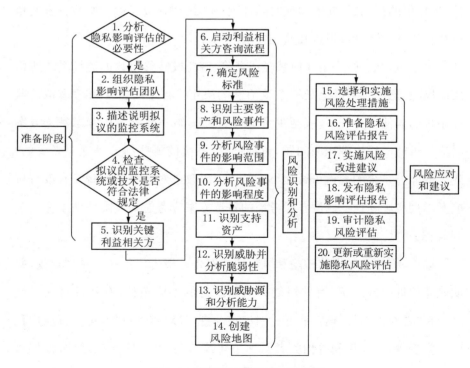

图 3.4　隐私影响评估的实施步骤

第四章
美欧国家宪法隐私权的司法保护

美国联邦最高法院形成的隐私权保护理论以及欧洲人权法院和欧洲法院构建的隐私权干预合法要件理论,各自形成了一套公权力对公民隐私权干预的司法监督机制。由于大数据监控工具的不断发展和应用扩张,美欧的司法审查制度也面临如何适应信息技术演进和社会变迁对传统隐私权保护理论形成的挑战。本章将从美欧法院在利益衡量的考量、干预基准和合法性要件的构建、具体制度的落实、权力配置与监督等方面进行观察。

第一节　大数据监控社会中美国隐私权的司法保护

一、司法主导下的美国隐私权理论

美国的宪法文本并未规定隐私权,而是通过联邦最高法院对特定宪法条文的"创造性的"解释实现的。这是美国宪政的特征——司法掌控违宪审查决定,联邦宪法的发展主要由司法解释推动。美国联邦法院通过一系列判例推动发展了隐私权的概念内涵和保护原则。

为了将隐私权安放在宪法权利中,美国联邦最高法院将隐私权解释为一项有关独处和秘密状态的普遍性的隐私权。对这项普遍权利的承认正是极具争议的"格里斯沃尔德诉康涅狄格州（Griswold v. Connecticut）案"判决的核心所在。在该案中，美国联邦最高法院认为，隐私权的基础在于"若干基本宪法保障创造出的隐私领域"。这种"隐私领域"不仅存在于第一、第三、第四和第五修正案之中，也同时存在于第九和第十修正案，或者更准确地说，存在于它们的"影子"当中，衍生自条文提供的保障。

美国宪法涉及隐私权的修正案主要包括第一、第三、第四、第五、第九和第十修正案，但凡涉及前述条文都会间接牵涉隐私权的保护。宪法第一修正案保护言论与出版自由，由于人们只有被允许与他人自由地结交和交流才能实现该项基本权利，这其中就蕴含了宪法对交往隐私权的保护；宪法第三修正案禁止未经房屋所有人同意而在其私人住宅驻扎军队，这其中也暗含了住宅隐私的保护；第四修正案禁止不合理的搜查和扣押，保护个人住宅和生活的隐私权；第五修正案反对自证其罪，也保护个人生活的隐私。第九修正案规定，宪法所列举的权利不能被解释为对人民所保有的其他权利的否定；第十修正案规定，宪法没有授予联邦政府的权力以及没有禁止授予州政府的权力，分别由州政府或人民享有；通过宪法无授权，政府无权力而人民保有权利的宪法基本原理，推理出公民隐私权。因此，虽然美国宪法并没有直接规定公民隐私权，但是通过宪法解释，隐私权从不同方面起着防御权力机关任意侵害的作用。①

在 1977 年沃伦诉罗伊（Whalen v. Reo）案中，美国联邦法院肯定了宪法上的"信息隐私权"，斯蒂文大法官强调了计算机化数据库或其他政府档案广泛收集个人信息对个人隐私造成的侵害②，从此开创了信息化时代宪

---

① 曾赟：《监听侦查的法治实践：美国经验与中国路径》载《法学研究》2015 年第 3 期，第 158—175 页。
② 王泽鉴：《人格权的具体化及其保护范围·隐私权篇（上）》，载《比较法研究》2008 年第 6 期，第 1—21 页。

法隐私权的保护路径。此后的西尔弗曼诉美国案(Silverman v. Jones)、卡茨诉美国案(Katz v. United States)、奥利弗诉美国案(Oliver v. United States)、美国诉琼斯案(United States v. Jones)、莱利诉加利福尼亚州案(Riley v. California)等一系列案件中,美国联邦最高法院的法官通过回应技术和社会的发展,不断拓展隐私权的适用范围和内涵,构建了以"合理隐私期待"为核心的隐私权保护理论。

二、监控技术发展对美国司法拓展隐私权概念内涵的影响

从美国联邦最高法院历史上一系列有关隐私权的经典判例来看,科学技术的发展,特别是监控技术的发展,对司法拓展隐私权的概念内涵和基本原则产生了重大的影响。

(一) 从私人财产的保护至私密信息的保护

"风能进,雨能进,国王不能进","一个人的住宅就是他的城堡",这两句西方经典的谚语从保护财产权神圣不可侵犯的角度反映出对私密空间保护的重视。美国早期的隐私权保护也是从财产权角度出发,禁止物理入侵个人的住宅和私密空间。在前信息化时代,国家侦查犯罪的手段相对单一和有限,部分隐私权可以经由住宅权、财产权等传统权利获得保护。

随着监控技术的发展,电话搭线监听等非物理入侵方式在政府执法部门得以普遍应用。这种非物理入侵方式在早期并未受到联邦最高法院的警觉。在 1928 年欧尔姆斯特德诉美国案(Olmstead v. United States)中,法院在多数意见中认为,使用听觉传感器获取证据,既没有侵入被告人的住宅,也没有侵入他们的办公室,因此,搭线窃听不是宪法修正案所禁止的搜查或扣押。①虽

———————————

① [美]约书亚·德雷斯勒、艾伦·C.迈克尔斯:《美国刑事诉讼法精解(第一卷·刑事侦查)》,吴宏耀译,北京大学出版社 2009 年版,第 69—78 页。

然电子监听对隐私权的侵害当时并没有得到司法的承认,但是立法机关通过1934年《通信法》第605条明确禁止任何拦截、泄露、发布无线通信的行为,开始重视非物理入侵方式对私密信息的侵害。1961年,在西尔弗曼诉美国案(Silverman v. Jones)中,美国联邦最高法院推翻了欧尔姆斯特德案中的结论。法院认为,虽然使用电子窃听方式并没有物理性地侵入私人住宅,但是窃听嫌疑人在房屋内的谈话,是一种对私密信息的侵害,构成了宪法上隐私权的侵害。[①]在本案中,美国联邦最高法院承认技术进步改变了对个人空间入侵的方式,从物理性入侵至非物理性入侵的变化,因此对隐私权的保护摆脱了传统的住宅权、财产权,而转变为一种独立权利。隐私权由此获得了宪法上的独立地位。但是此时,隐私权的保护还主要局限于私密场所内的私密信息保护。

（二）从个人私密领域的隐私保护到公共空间的个人隐私合理期待

信息技术的发展推动了新执法技术和手段的普及应用,这也改变了政府使用侦查措施的基本形态。定位追踪、热像扫描、网络监控等非物理、非接触式的干预个人隐私的政府执法行为大量出现。个人隐私的保护必须突破传统的场所保护而关注于保护人本身。美国联邦最高法院在1967年卡茨诉美国案(Katz v. United States)[②]中提出了"隐私合理期待理论",将隐私保护从个人私密领域拓展至公共空间的个人隐私合理期待。大法官斯图尔特在法院多数意见中提出:"一个人在公共电话亭内,关上了电话亭的门,他有权假定,他对着话筒说的话不会被外界所知。"[③]在本案中,美国联邦最高法院认为,美国宪法第四修正案的保护范围不局限于个人的私密领域,在公共空间中,个人也有隐私合理期待。第四修正案保护的是人而不是场所。

---

① Silverman v. United States, 365 U.S. 505, 506(1961).

② Katz v. United States, 389 U.S. 347(1967).

③ Ibid.

隐私合理期待理论认为,如果公民对其被政府执法人员搜查、扣押的场所或者财物享有主观上的隐私期待,并且如果公民对这些场所或者财物所具有的隐私期待是合理的,则政府执法人员不得对公民的这些场所或财物实施无理由的搜查或者扣押,否则,他们实施的搜查或者扣押就侵犯了公民对这些场所或者财物所享有的隐私权,除非他们在实施扣押行为或搜查行为时完全遵守了美国联邦宪法第四修正案所规定的条件和程序,或者虽然他们没有遵循第四修正案所规定的条件或程序,但是他们符合美国联邦最高法院所确立的各种例外规则。[1]个人隐私合理期待原则需要满足两方面的要求,一是在主观层面个人须表现出真实的隐私期待;二是在客观层面该隐私期待须被社会公众认为是合理的。[2]

卡兹案确立了隐私合理期待原则,政府要在具有"合理隐私期待"的场合进行搜查,就需要取得法院令状,法官判断的原则包括了个人是否具有隐私合理期待,技术侦查是否具有法定事由和证据,技术侦查措施对隐私权的侵害是否具有合理性和必要性等方面。通过该案,美国确立了通过司法事前审查,针对技术侦查措施干预隐私权的活动实施外部监督的机制。

三、大数据监控条件下美国隐私期待理论面临的挑战

20 世纪 70—80 年代发展起来的"隐私合理期待理论"确立了三大原则:一是"开放地带"或称"公共空间"原则;二是第三方当事人原则;三是通信内容数据与非内容数据差异化保护原则。这些原则在联邦最高法院一系列判例中得以明确,为隐私合理期待理论在前大数据监控时代(物理世界)

---

[1] 张民安主编:《隐私合理期待总论——隐私合理期待理论的产生、发展、继受、分析方法、保护模式和争议》,中山大学出版社 2015 年版,第 3 页。

[2] 王兆鹏:《美国刑事诉讼法》,北京大学出版社 2005 年版,第 221—223 页。

中是否可以适用构建了明确的规则。

（一）开放地带/公共空间原则

1974 年在空气污染变化委员会诉西部苜蓿公司案（Air Pollution Variance Board v. Western Alfalfa Corporation）中，联邦最高法院判决，科罗拉多州一名探员在白天进入私人庭院，以测试从屋主的烟囱排出烟尘的行为没有违反第四修正案。这是最早确立"开放地带"原则的判例。联邦最高法院认为，在本案中，如果侵犯隐私存在的话，也是抽象的和理论上的。10 多年后，法院在奥利弗诉美国案（Oliver v. United States）中重申了这一立场。联邦最高法院认为，第四修正案并不保护开放地带。在本案中，肯塔基的警方接到报告称，奥利弗正在种植大麻。警方搜查了奥利弗的田地。奥利弗在田地的入口处立了一块牌子，上书"无搜查令禁止闯入"。法院在多数意见中认为，本案适用开放地带原则。在本案中，法院确认，即使警察可能涉嫌普通法上的侵权，但是进入私人领地的行为并不会自动触发第四修正案的保护。从这两个判决来看，当时的美国联邦法院认为，开放地带不适用隐私合理期待。"个人不可能在户外活动中要求隐私保护，除非是在紧靠房子的周围。"[1]在奥利弗案中，美国法院放弃了传统法律上"宅院"的概念，而是用了"肉眼可见的开放地带"的概念。对于"开放地带"，宪法修正案并不赋予其不受政府干预和监控的特权。开放地带原则是建立在公私分界的基础上的。通过将公共空间和私人空间两分，在公共空间可能被他人窥探到的行为活动不受隐私合理期待的保护，而同样的活动发生在私人空间则受保护。

在加利福尼亚州诉希洛罗案（California v. Ciraolo）中，警察使用私人飞

---

① Oliver v. United States，466 U.S. 170(1984).

机飞过了嫌疑人的后院，发现了他种植的大麻。首席大法官伯格认为，对庭院保护的隐私期待对于保护隐私来说是至关重要的。院子和作物都可以被理解为处于庭院之中，但是屋主有责任确保其免受外界的窥探。在本案中，屋主没有采取必要的措施，任何人飞跃房屋的上空都可以看到后院种植的大麻，因此警察在 1 000 英尺高度进行观察是合法的。第四修正案并不要求执法人员在公共街道上通过房屋时蒙上眼睛。任何人都可以发现的情形，执法人员也有权发现。①然而，这个判决有其自相矛盾性。一方面，警察物理性地闯入嫌疑人的庭院构成搜查，另一方面，非物理性地在庭院上空侦查则不构成搜查。显然，技术的发展对开放地带原则的适用构成了挑战。在反对意见中，鲍威尔大法官认为，第四修正案必须适应新兴技术的发展。"技术的快速发展赋予警察在房屋之外实施监控的能力，执法部门能够发现人们的活动和社会关系，听到他们的对话，却无需物理性地侵入。"②为了保护危在旦夕的隐私利益，"开放地带原则"亟待改变。

　　"开放地带"和"公共空间"原则都是在大数据等新型监控技术应用之前建立起来的。在当时的物理世界中，私人空间和公共空间具有明确的分界。卡兹案确立的合理隐私期待并不存在于开放地带和公共空间中，因此，个人在其中的行为活动并不受宪法隐私权的保护。然而，随着技术的变化，特别是互联网构建的虚拟空间和物理空间不断地融合，私人空间和公共领域的界限正在逐步模糊，而合理隐私期待理论在如何适应新兴技术的发展上面临困境。

　　在 1983 年的美国诉诺特案（United States v. Knotts）中，明尼苏达警方在没有获得搜查令的情况下在嫌疑人的车上安装无线射频发射器，通过追

---

① California v. Ciraolo，476 U.S. 213—214(1986).
② Ibid.

踪设备和视频监控进行追踪。伦奎斯特大法官认为,无线射频发射器仅仅是一种依靠电池驱动的装置,接收人员可以获取它发射的周期性信号。执法人员可以依靠这个设备将公共街道上的人眼观察电子化。撰写多数意见的伦奎斯特大法官坚持了"公共空间"原则,认为,在公共道路上驾驶汽车的人对其行驶路线不具有隐私合理期待,汽车行驶的路线、停靠的地点、最终的目的地都是可以被观察到的。仅仅因为警察依靠无线射频发射器而不是他们的眼睛来观察无法改变实际情况。在当时的技术条件下,法院认为,24小时不间断监控的技术并不存在。如果拉网式的执法监控以后发生的话,也有足够的时间考虑是否采用不同的宪法原则。无线射频发射器仅仅是一种更为有效的观察公共空间中行为的工具。[①]显然,在当时,联邦最高法院并没有意识到监控技术会如此飞速发展。

技术的发展改变了美国联邦最高法院对隐私合理期待的认识。进入21世纪以来,GPS追踪技术在执法活动中得到了广泛应用。由于GPS相比无线射频发射器在准确性、可靠性、所需资源、可以获得的信息详细程度、潜在的数据分析程度等方面要高得多,对于个人隐私的侵入程度也要高得多。随着GPS技术在执法中的普遍应用,缺少搜查令使用GPS技术进行搜查引发争议的案例也越来越多。

2012年美国诉琼斯(United States v. Jones)案[②]中,执法人员在搜查令过期后在嫌疑人的汽车内安装GPS,并对该车辆进行了为期28天的跟踪,联邦最高法院判决政府的行为构成了非法搜查,但是撰写多数意见的大法官斯卡利亚和撰写协同意见的大法官阿利托、索托马约尔对什么样的行为构成非法搜查持有不同的意见。斯卡利亚法官认为,GPS装置秘密安装在

---

① United States v. Knotts, 460 U.S. 284(1983).
② United States v. Jones, 565 U.S. 400(2012).

嫌疑人汽车上的行为就已经构成了第四修正案所禁止的对个人财产实施的搜查,而使用 GPS 本身和使用无线射频发射器一样,仍然适用"开放地带原则"。而阿利托大法官则认为,多数意见依赖传统的侵权概念是不可取的,对一辆汽车实施为期 28 天的跟踪超出了传统情况下人们对于隐私的合理期待,构成了搜查。[①]虽然位于公共场合的汽车受到"开放地带规则"的制约,但是这种 24 小时不间断地拉网式搜查超出了传统"开放地带规则"情境下对隐私的合理期待,阿利托大法官认为,需要对这种在公共领域实施的不间断拉网式搜查进行限制,以平衡执法权和公民隐私权。技术在这里改变了隐私合理期待。发表协同意见的索托马约尔大法官也认为,长时间的监控对隐私合理期待产生冲击。同时,位置追踪也影响其他基本权利,比如结社与言论自由。政府不受限制地汇集可揭示个人身份的数据的权力可能会被滥用。人们并不会期待他们的行动会被记录并聚合,从而使政府能够或多或少地确定他们的政治和宗教信仰、性生活习惯等等。这样的监控工具落入政府手中而不受监控必然会被滥用。[②]由此,大规模、拉网式监控的合宪性问题进入了美国联邦最高法院的视野。

（二）第三方当事人原则

除了"开放地带原则"以外,第三方当事人原则也是美国联邦最高法院确立的隐私合理期待的例外。私人拥有的信息和披露给他人的个人信息在美国宪法第四修正案的适用上存在区别。美国联邦最高法院认为,披露给他人的私人信息被剥夺了隐私利益。

20 世纪 70 年代的美国诉米勒案（United States v. Miller）和史密斯诉

---

① 田芳:《技术侦查措施合宪性审查中的动态平衡保障理论》,载《比较法研究》2015 年第 1 期,第110—123 页。United States v. Jones, 565 U.S. 400(2012) at 427(Alito, J., concurring).

② United States v. Jones, 565 U.S. 400(2012) at 416,(Sotomayor, J.)

马里兰州案(Smith v. Maryland)以及后续一系列案件奠定了第三方当事人原则,即个人对其拥有的信息具有隐私利益,但是一旦将信息披露给第三方,就不再享有宪法第四修正案的同等保护。①这一原则的核心是隐私的秘密性,也就是说,个人独自拥有的隐私是秘密,一旦自愿披露给他人,就不再具有秘密性而失去隐私保护。

在 1973 年的美国诉米勒案(United States v. Miller)中,美国财政部怀疑米勒没有缴纳酒税,因此向银行发出传票,要求获得米勒的所有支票、存款单、财务报表和月度报表以供大陪审团审查。鲍威尔大法官在多数意见中提出,支票并非机密通信,而是商业交易中可转让的票据,因此不具有任何隐私利益。鲍威尔大法官强调了米勒和银行间关系的自愿性质,所有美国财政部获取的信息都是米勒自愿提供给银行的信息,并在一般的业务活动中披露给银行的员工。鲍威尔强调,银行的储户应当承担这样的风险,即银行将其信息提供给政府。因此,他总结认为,本案中不涉及第四修正案的利益,政府通过签发传票获取第三方所拥有的记录并不损害储户的权力,即使在发出传票时已经计划提起刑事诉讼。

在史密斯诉马里兰州案(Smith v. Maryland)中,警方在电话公司的电话线路上安装笔式记录器,以跟踪嫌疑人的通话记录。布莱克门大法官认为,收集从固定电话拨出的号码并没有拦截任何通话内容。鉴于笔式记录器的有限能力,安装和使用笔式记录器是否构成搜查,取决于嫌疑人对其拨出的号码是否具有合理的隐私期待。法院判决,嫌疑人并没有这样的隐私期待。法院认为,电话用户知晓在拨打电话时,电话号码将传输至电话公司,这一信息是用来连接通话的。电话公司收集这些信息是为了记录账单

① United States v. Miller, 425 U.S. 435(1976); Smith v. Maryland, 442 U.S. 735(1979).

信息。拨打电话的行为是发生在一个人的家里的，尽管嫌疑人是为了让他的谈话内容保密，但他的行为并不是为了保护其电话号码的秘密性，不管他的位置如何，拨打电话必须将电话号码传递给电话公司。然而斯图尔特大法官、布伦南大法官、马歇尔大法官提出了反对意见。斯图尔特大法官在反对意见中提出，电话在当代生活中具有重要的意义。电话公司收集电话号码用来计费并不能否定其有潜在的隐私利益。从私人电话中拨出的号码并非没有内容，它们可以反映一个人的社会交往，揭露个人生活最亲密的细节。[1]马歇尔大法官认为，多数意见认为电话用户对拨打的电话号码不具有主观的隐私期待的观点是错误的。即使用户知道电话公司出于内部的原因监控通信，但是他们并没有预料到电话公司会将电话号码披露给公众或提交给政府。那些向电话公司披露某些信息的人仅仅出于特定的商业目的，而没有假定这些信息会出于其他目的被披露。马歇尔大法官提出了两项反对意见，一是风险假设的概念中蕴含的个人选择权事实上并不存在，在当代社会中个人别无选择只能使用电话，但这并不意味着他必须接受监控的风险。二是个人的风险分析并不是一个恰当的理由，这意味着执法部门只要宣布他们有意监控邮件或私人通信内容，向公众提出风险警示就可以规避第四修正案的保护了。这里的问题并不在于个人将信息提交给第三方应当承担什么样的风险，而是个人在一个自由开放的社会中应当承担什么样的风险。[2]马歇尔大法官强调了电话沟通在人们的日常生活中扮演的重要角色。人们对电话的依赖意味着第四修正案需要在此发挥作用。马歇尔法官认为，让政府获得这些数据还有可能会威胁结社自由和言论自由。

　　值得注意的是，在2012年美国诉琼斯案（United States v. Jones）中，索

---

[1]　Smith v. Maryland, 442 U.S. 735(1979), (Stuart, J., dissenting).

[2]　Smith v. Maryland, 442 U.S. 735(1979), (Marshall, J., dissenting).

托马约尔大法官在协同意见中提出,鉴于数据委托给第三方所涉及的深层的隐私利益,她可能会完全抛弃第三方原则。她认为,监控技术的发展使执法部门无需物理性入侵即可对个人隐私利益产生重大影响,因此有必要重新审视,在无处不在的监控环境下,个人自愿将信息披露给第三人是否还具有合理隐私期待。她认为,史密斯案和米勒案的判决中使用的方法不适用于数字时代。①只有第四修正案的理论不再将保密作为隐私保护的先决条件,隐私才能真正获得宪法上的保护。她不认为个人出于有限的目的而自愿向他人披露信息会导致其隐私得不到第四修正案的保护。②

针对"第三方当事人原则"的反对意见主要围绕"个人自愿的主张"。在当前这种"数据依赖"的社会情境下,斯图尔特大法官和马歇尔大法官以及索托马约尔大法官的观点更有其价值。技术和社会商业模式一直处于演进的过程中。如果不将大量信息披露给第三方,个人的日常生活就无法进行。如果人们每次使用移动电话,就需要承担个人数据提交给政府的风险,这意味着人们在通信中没有任何隐私利益,而不管他们采取任何保密的努力。特别是在当前大数据和云计算的环境下,我们日常生活的所有细节都被数字化地记录下来,每一次通话、行驶路线、网上搜索都留下了数字痕迹。人们大量使用云服务,将私人信息存放在私人企业提供的云计算服务器内。将有"个人使用第三方产品或服务而披露数据"假设为即承担信息会公开披露的结果,否认了当前技术和商业模式的基本现实。

(三) 通信内容数据与非内容数据差异化保护原则

公民的通信秘密保护是隐私保护中的重要内容。在卡兹案中,美国联邦最高法院将笔式记录器记录的信息认定为非内容信息,确立了内容与非

---

① United States v. Jones,565 U.S. 400(2012). at 4.
② Ibid.

内容数据的两分法。美国联邦最高法院提出，信件内容比之信封上的地址要采取更多的保护，建立了通信内容与非内容信息的差异化保护原则。在1977年的美国诉纽约电话公司案（United States v. New York Telephone Co.）和史密斯诉马里兰州案（Smith v. Maryland）中，法院也强调了内容数据和非内容数据的区别。目前，美国联邦最高法院并没有承认通信元数据具有隐私利益。以信封信息为例，从传统来看，美国司法并不承认信封上的信息需要得到宪法第四修正案的保护，具有合理隐私期待。其中蕴含的基本认知是，他人仅仅通过简单地观察对象、人或者行为就可以获知个人披露的信息，那么这些信息就不应当进入第四修正案的保护范围。因此，通信地址仅仅代表了数据而非通信内容。

　　然而，进入元数据和社交网络分析时代，这种通信信息分类对待的方式面临全新的挑战。在新技术和算法分析技术的帮助下，非内容数据越来越能够呈现出个人生活的详细样貌。杜克大学社会学教授基兰·希利（Kieran Healy）就曾在《使用元数据找寻保罗·里维尔》这篇文章中详细揭示了社交网络分析的巨大能量。[①]元数据能够揭露大量通信内容信息也在多个研究中得以论证。[②]拨出和接受的电话记录长期的汇集可以显示个人的爱好、兴趣、社会关系和信仰。通信的频率和长度也显示出人际交往的亲密程度，人际关系的强弱揭示出一个人的社会网络，通过社交网络的描绘，不同群体之间的联系也能被识别。继续依赖于内容与非内容的信息区分难

[①]　Kieran Healy，Using Metadata to Find Paul Revere，https://kieranhealy.org/blog/archives/2013/06/09/using-metadata-to-find-paul-revere/，June 9，2017.

[②]　Jonathan Mayer，Patrick Mutchler，Meta Phone，The Sensitivity of Telephone Metadata，Web Policy，Mar. 12，2014，http://webpolicy.org/2014/03/12/metaphone-the-sensitivity-of-tele-phone-metadata/，June 9，2017. Clifton B. Parker，Stanford Students Show that Phone Record Surveillance Can Yield Vast Amounts of Information，Stanford Report，Mar.12，2014，http://news.stanford.edu/news/2014/march/nsa-phone-surveillance-031214.html，June 9，2017.

以妥当地保护通信隐私。

在互联网通信时代,信封信息不包含通信内容的观点遭到挑战。比如,电子邮件标题就可能包含重要的通信内容。统一资源定位地址(URLs)显示出用户搜索的网页内容,也就是个人阅读的内容。然而,美国联邦最高法院目前还没有确认这些通信元数据所能传达的通信内容信息。美国政府也试图在没有搜查令的情况下获取公民的网络浏览记录。

美国联邦最高法院在长期的司法审判中确立的隐私合理期待理论在大数据时代面临严峻的挑战。无所不在的监控追踪技术削弱了传统意义上公与私的界限,撒网式地监控人们在公共场合的行为可能会对私人生活产生影响。在我们的日常生活的正常运行完全依赖于商业实体的服务时,我们将信息委托给他人即失去保护数据的权利的说法就存在疑问。否认电子通信中元数据大规模收集所体现出的隐私利益,也违背了区分内容和非内容通信的根本目的。在大数据监控时代,公共空间与私人空间、个人数据与第三方数据、内容数据与元数据的分界在保护公民宪法隐私权时遭遇理论上的捉襟见肘。

第二节　大数据环境下欧洲隐私权的司法保护

在欧洲,隐私权大多在各国宪法文本和宪法判例中得到承认。随着欧洲政治、经济一体化的发展,隐私和个人数据保护成为欧盟体现其整体的人权主张和社会经济协同的主要领域。

《欧洲保护人权与基本自由公约》(以下简称《欧洲人权公约》)签署于1950 年 11 月 4 日,并于 1953 年 9 月 3 日开始实施。这是继《世界人权宣言》之后的第二部承认保护私人生活是一项人权的公约。《欧洲人权公约》第八条规定："尊重私人和家庭生活的权利；人人都有维护其私人和家庭生活、住宅和通信的权利；公共机构不应妨碍上述权利的行使，除非这样做是依照法律的规定和在民主社会中维护国家或公共安全或国民经济的利益，或者为了防止混乱或犯罪，保护健康、道德或保护他人的权利和自由所必要。"公约第八条私人和家庭生活、住宅和通信中的隐私权是一项基本人权。2000年《欧盟基本权利宪章》(以下简称《宪章》)在第七条重申了前述私人和家庭生活、家庭和通信中的隐私权以外，还在第八条确认了个人数据保护权作为一项基本权利。①个人数据保护由此成为欧洲隐私权保护的显性议题。

在《欧洲人权公约》体系中，自然人和法人在用尽成员国国内的救济方式后，可以向欧洲人权法院起诉其政府。欧洲人权法院是确保《欧洲人权公约》在各成员国得以落实的主要机构。虽然不具有全面的对世效力(对各成员国的约束力并不一致)，但其判决的实质效果不仅仅限于系争的案件，同时具有阐明、确保和发展《欧洲人权公约》规定的效果②，这一点是毋庸置疑的。因此，欧洲人权法院的判决构成了衡量公约成员国隐私保护水平的基准。此外，欧盟法院根据里斯本条约的授权，依据《欧盟基本权利宪章》审查欧盟成员国遵守宪章的情况，以及解释宪章所规定的基本权利。

长期以来，欧洲的司法者在隐私权保护领域中积累了丰富的司法判决

---

① 《欧盟基本权利宪章》第八条规定：人人均有权享有个人信息之保护。此等信息应仅得于特定明确目的，且于信息所有人同意或其他法律规定之正当依据下，公平地被处理。人人均有权了解其个人信息，并有权要求销毁其个人信息。应由独立之主管机关监督这些原则之确实遵守。

② 刘静怡：《通信监察与民主监督：欧美争议发展趋势之反思》，载《欧美研究》第47卷第1期，第43—106页。

经验，无论是在隐私权的价值确认方面，还是隐私权的实际适用方面，具有值得其他国家的法制借鉴之处。自20世纪七八十年代始，欧洲人权法院在一系列判决中构建了《公约》第八条所保护的隐私权侵害的审查架构，即从是否存在隐私权干预，是否存在干预的合法要件，是否民主社会所必须这三个角度进行。

一、隐私权干预判断基准的设立

尼克·莫罕（N.A. Moreham）将《欧洲人权公约》第八条所涉及的权利分成了五大类：在身体和心理健康完整的情况下免受侵犯的权利；免受不必要的信息访问和信息收集的权利；免受严重环境污染的权利；自由发展个人个性和身份的权利；自由选择自身生活方式的权利。①在人们日常生活的许多行为不是属于公约第八条款所保护的行为，就是属于违反公约的第八条款的行为。因此，安东内拉·格雷塔（Antonella Galetta）和保罗·赫特（Paul De Hert）将所有行为分为以下三大类型：不与公约第八条相冲突的行为（或措施）；与公约第八条第一款相冲突，但与第二款的规定（合法性、合理性、必要性和比例性）相一致的行为（或措施）；与公约第八条第一款相冲突，且与第二款的规定不一致的行为（或措施）。②

这一分类反映了欧洲人权法院在审查对私人生活干预的行为时的推理过程。第一类的行为并不构成对私人生活的侵犯（非侵犯私人生活的行为）；第二类行为代表了符合公约要求的侵犯私人生活的行为（合法的侵犯

① Nicole A. Moreham, The Right to Respect for Private Life in the European Convention on Human Rights: A Re-examination, *European Human Rights Law Review*, Vol.1, 2008, pp.44—79.

② Antonella Galetta, Paul De Hert, Complementing the Surveillance Law Principles of the ECtHR with Its Environmental Law Principles: An Integrated Technology Approach to a Human Rights Framework for Surveillance, *Utrecht L. Rev.*, Vol.10, 2014, pp.55—75.

私人生活的行为）；第三类的行为指的是不符合公约规定的侵犯私人生活的行为（不正当的干涉和侵犯私人生活的行为）。第二类和第三类行为是本书分析的重点。

在第二类和第三类行为的认定上，欧洲人权法院在隐私权相关的判例中提出了较为宽泛的标准，即只要成员国数据监控立法中授权政府实施对个人隐私的干预措施，那就可以分析个案中受监控的对象是否属于《欧洲人权公约》第八条隐私权所保护的范围。[①]如果答案是肯定的，那么系争法律的存在，便可能涉及公约第八条权利的限制问题，而不论实际上是否针对特定个人采取任何具体的数据监控措施。

比如，由于绝大部分的数据和通信监控都是在秘密状态下实施的，个人难以察觉更难以举证自己受到监控。欧洲人权法院认为，如果严格要求原告必须证明自己确实是遭受秘密通信监控的受害人，无疑将会架空《欧洲人权公约》第八条的真正旨意。因此，欧洲人权法院通过降低原告适格的标准，只要成员国法律允许实施通信监控，涉及个人隐私信息收集或处理，就足以启动《欧洲人权公约》第八条的适用，大大扩张了法院审查的范围。

二、隐私权干预合法要件的构建

欧洲人权法院认为，只有满足第八条第二款所列举的情形，限制隐私权的行为才具有合法基础。《欧洲人权公约》规定了可以限制隐私权的几种例外情形，包括（1）法律保留原则（获得法律授权）；（2）正当目的（为了国家安全、公共安全和经济福利的利益，以及为了制止骚乱或预防犯罪）；（3）民主

---

① 刘静怡：《通信监察与民主监督：欧美争议发展趋势之反思》，载《欧美研究》2017 年 3 月第 47 卷，第 1 期，第 43—106 页。

社会所必须(符合比例性原则)。①

(一) 法律保留原则

根据法律保留原则,权力机关实施的隐私权干预措施必须在法律上明确予以规定,不允许存在秘密的程序。对隐私权干预是否符合法律保留原则的审查包括两个层次。一是确定国家系统中采用的隐私监控措施是否具有法律基础;二是需要评估这种法律基础是否合格,比如是否可预见。

1. 法律保留原则要求任何对隐私权的干预都必须有成员国的法律依据

正如欧洲人权法院在马隆诉英国案(Malone v. the United Kingdom)中所强调的,法律保障必须存在于国内的法律之中,以更好地阻止"公共机构的任意侵犯"②。此外,法律保留原则不仅要求制定特定的国家立法监管对私人生活的侵犯,还对法律的内容和质量提出了要求。为了使相关的隐私权干预行为合法化,国家立法必须要清晰、明确且详细,以防止滥用。在马隆诉英国(Malone v. the United Kingdom)和西弗尔及其他人诉英国(Silver and Others v. the United Kingdom)两案中,欧洲人权法院指出,国家立法必须明确主管公共当局所拥有的自由裁量权的权限范围,并"充分明晰法律的行使方式,在相关举措符合合法目的的基础之上,给予个人充分的保护,防止任意的侵犯"③。在哈维诉法国(Huvig v. France)和克鲁斯林诉法国案(Kruslin v. France)中,欧洲人权法院表达了更为明确的立场,声称国家立法必须合理明确地表明公权力实施隐私权干预行为裁量权的行使范

---

① 《欧洲人权公约》第八条第二款规定:公共机关不得干预上述权利的行使,但是依照法律的干预以及民主社会中为了国家安全、公共安全或国家的经济福利的利益,为了防止混乱或犯罪,为了保护健康或道德,或为了保护他人的权利与自由,有必要进行干预者,不在此限。

② Malone v. the United Kingdom, App. no. 8691/79, § 67, 2 August 1984.

③ Silver and Others v. the United Kingdom, app. no. 5947/72; 6205/73; 7052/75; 7061/75; 7107/75; 7113/75; 7136/75, § § 28—29, § § 88—89, 25 March 1983; Malone v. the United Kingdom, App. no. 8691/79, § 68, 2 August 1984.

围和方式。

欧洲人权法院重点关注的是通信拦截和窃听。由于通信监控往往是秘密进行的,是一种极为特殊的对私人生活的侵犯。欧洲人权法院认为,通信监视措施是隐私威胁的最主要来源。欧洲人权法院在马隆诉英国案(Malone v. the United Kingdom),哈维诉法国案(Huvig v. France),克鲁斯林诉法国案(Kruslin v. France),韦伯和萨拉维亚诉德国案(Weber and Saravia v. Germany)等相关判例中总结出,成员国在通信监控立法中必须明确实施以下最低限度的保障,以防止权力滥用:包括据以发出通信拦截命令的违法行为的性质;明确定义哪些类型的对象可以成为通信监控的对象;通信监控的期间限制;检查、使用、存储监控获得通信监控数据所应遵循的程序;将通信监控获得的数据传送给他人时应当采取的防护措施;在哪些情况下可以或者必须删除或销毁所获得的数据。①

2. 可预见性是影响隐私干预行为合法性评估的另一个要求

法律的可预见性是确定监控措施的本质和效果的关键性条件,意味着法律必须与法治精神相符。欧洲人权法院在马隆案中提出,可预见性的要求并不意味着权力机关对个人进行通信拦截时,个人能够预见并以此调整其行为,而是法律条款必须足够清晰,公民可以获得充分的提示,在哪些情况和条件下,权力机关有权采取秘密的、有潜在危险的手段干预私人生活和通信的权利。否则,法律必须指出授予权力机关自由裁量权的范围,以及明晰该项权力行使的方式,使个人充分获得保护以反对恣意的干预。②可预见性原则旨在让每个人了解他们成为监控活动或者隐私侵犯目标的可能性。

在黎波堤及其他人诉英国案(Liberty and Others v. the United King-

---

① Webe and Saravia v. Germany,App. no. 54934/00,§9,29 June 2006.
② Malone v. the United Kingdom,App. no. 8691/79,§§67—68,2 August 1984.

dom)中,原告声称,根据英国《1985 年通信拦截法》,在发布通信拦截许可令之时,政府有义务作出相应"安排"。该义务构成了对公约第八条第一款的侵犯,且违反了可预见性原则。欧洲人权法院在判决中指出,在法律实施的1990 年到 1997 年之间,根据通信拦截许可,任何人都可能会面临通信拦截,这等同于监控权限的滥用。①相关立法并未对"安排"发布通信拦截许可令的细节进行监管,也未对公众公开。因此,欧洲人权法院认为,英国国家立法中并未表明国家在通信拦截和审查通信信息时权力行使的范围和方式,未能防止通信监控权的滥用,违反了公约第八条。

(二) 目的正当性原则

目的正当性原则,也就是权力机关所欲达到的目的须正当。从规范性角度来看,宪法和法律一般都规定限制基本权利的合法性理由。比如《欧洲人权公约》第八条第二款规定的例外情形包括了国家安全、公共安全或国家的经济福利,为了防止混乱或犯罪、为了保护健康或道德、为了保护他人的权利与自由。对基本权利限制的目的只有在上述范畴之类,才被认为符合公约的规定。欧洲人权法院允许成员国的立法者与行政机关可以拥有判断通信隐私的权利限制必要性的裁量空间。但这一裁量空间并不是固定不变的,而是取决于案件的性质和权利限制的目的。在克拉斯诉德国案(Klass v. Germany)中,欧洲人权法院就认为,恐怖主义活动对民主造成了严重的威胁,这种情况下实施秘密监控是正当的。也就是说,从目的正当性原则角度,立法授权对电子邮件、信件和电子通信进行秘密监控,对于民主社会的国家安全、防止失序和犯罪来说是必要的。②当然,欧洲人权法院也承认,政府当局在界定什么是民主社会及其必要性方面起着主导作用,且政府当局

---

① Liberty & Others v. United Kingdom, App. No. 58243/00, §64, 1 Jul 2008.

② Klass v. Germany, App. no. 5029/71, §48, 6 September 1978.

在确定监控系统的运作方面拥有自由裁量权。同样的,在 S 先生和马普诉英国案(S. and Marper v. the United Kingdom)中,欧洲人权法院认为,警方资料库保留 DNA 和指纹资料符合目的正当性原则,也有助于在犯罪侦查过程中发挥辅助作用的目的的实现。由此可见,欧洲人权法院对成员国的立法授权空间是相当大的。这也是当前在欧洲面临恐怖主义的威胁之下,各国纷纷加强大规模监控所引发的争议所在。

（三）比例原则

源自德国的比例原则已经成为全球宪法政治国家普遍适用的一项原则,是宪法裁决的主要依据。根据《欧洲人权公约》第八条第二款的规定,对私人和家庭生活、家园以及通信的侵犯,必须是在对"民主社会极为必要"的情况下才是合法的。"必要性"的要求是指限制基本权利的"手段"与其追求的"目的"之间的比例关系,也就是符合比例原则的要求。比例原则要求使用的手段是必要的、与目的成比例。①比例原则代表了各方利益的平衡。传统上,比例原则一般分为适当性原则、必要性原则与狭义比例原则三个子原则。②适当性原则是指公权力采取的措施必须有助于所追求目的的实现,因此又称"合目的性原则"。但也有德国学者认为,适当性原则在法学实务上缺乏适用性而应当去除。不过实际上适当性原则并未消失它的实质,而是成为必要性原则在适用时的先决条件(若非有助于目的之措施,则无须依据必要性原则来衡量,直接可以判断该法已违背比例原则)。必要性原则,又称最小损害原则,它要求公权力行为者所运用的手段是必要的,手段造成的损害应当最小。狭义比例原则,又称为均衡性原则,要求公权力行为的手段

---

① 徐显明:《人权研究(第三卷)》,山东大学出版社 2003 年版,第 335 页。
② 参见郝银钟、席作立:《宪政视角下的比例原则》,载《法商研究》2004 年第 6 期;姜昕:《比例原则研究:一个宪政的视角》,法律出版社 2010 年版。

所增进的公共利益与其所造成的损害成比例。①

《欧洲人权公约》第八条既没有对"民主社会"作出定义,也没有明确规定什么才是必要的、合比例的。正如史蒂夫·格利尔(Steven Greer)所言:"民主社会所必需的内容是高度流动和不确定的。"②欧洲人权法院对于比例性的要求,给予了成员国一定程度的裁量权。因此可以说,在公约第八条的框架之下,"民主社会极为必要"事实上欠缺具体的定义,公约第八条第二款规定的例外情况也不是预先设定的,而是视个案情形而异。

尽管如此,欧洲人权法院也意识到了秘密监控可能会在打着捍卫民主社会旗号的同时,削弱甚至摧毁民主社会的根基。③因此,针对秘密监控之下的目标对象,政府当局不享有无限制的自由裁量权。相反,法院极其注重要求成员国设立充分有效的保证来防止秘密监控的滥用,并且政府当局在公共和私人利益之间寻求平衡的裁量余地也受制于欧盟的监管。在派克诉英国案(Peck v. the United Kingdom)中,欧洲人权法院根据必要性原则提出,虽然闭路电视(Closed Circuit Television, CCTV)监控录像的披露可以被认为符合目的正当原则,但是政府当局给出的原因必须能够证明披露是"相关且充分的",所采取的披露手段也有助于其所追求的目的的实现,也就是必须遵循适当性原则。

欧洲人权法院在适用比例原则时,对成员国政府提出的"侦查犯罪需要"的公共利益与个人权益作出了权衡。在S先生和马普诉英国案(S. and Marper v. the United Kingdom)中,欧洲人权法院进一步就比例原则的适

---

① 洪德钦:《欧盟宪法》,台湾中央研究院欧美研究所2007年版,第138—156页。
② Steven Greer, The Exceptions to Articles 8 to 11 of the European Convention of Human Rights, 1997 Human Rights Files, no. 15, Council of Europe Publishing, https://www.echr.coe.int/LibraryDocs/DG2/HRFILES/DG2-EN-HRFILES-15(1997).pdf, May 5, 2017.
③ Klass v. Germany, App. no. 5029/71, §49, 6 September 1978.

用作出了阐释。法院认为，警方资料库保留 DNA 和指纹等生物识别数据符合目的正当原则，也有助于打击犯罪目的的实现，但是在必要性原则上存在疑问。因为数据保留政策要求在警方资料库中无限期保留 DNA 和指纹数据，即使该数据库仅开放给特定专业人员，但因为无论是无罪开释者还是遭起诉者，这些生物识别信息都无限期保留，也不区分重罪和轻罪。①欧洲人权法院认为英国建立的 DNA 和指纹数据库的政策对是不是罪犯不加区别，超过了可以接受的掌握个人数据的权力尺度，不成比例地侵害了公民的私人生活领域，不应当被视为民主社会极为必要的做法。

均衡性原则是公约第八条中所包含的冲突性利益平衡的基础。在克拉斯一案中可以看出，欧洲人权法院所做的监控措施的均衡性测试（狭义比例原则）必须将案件的所有情况，如可能采取的措施的性质、范围和持续时间，实施此类措施所需的理由，允许、实施或监管此类监控措施的机构，国家法律所提供的补救赔偿措施等等因素都考虑在内。在派克案中，人权法院发现，鉴于阻止犯罪行为的目的可以通过其他更为合适的方式和选择来实现，自杀未遂的相关闭路电视录像的披露是不必要的。阻止犯罪行为的目的可以通过提前确认原告，并在披露之前获取他的同意来实现；此外，也可以通过马赛克等措施来保障原告的权利，或者采取其他措施确保媒体能够对这些披露的图像打上马赛克。②从更为实际的角度来看，比例原则的核心包括了平衡冲突性权力和利益两方面。在 S 先生和马普案中，法院强调了这一观点。法院认为，如果在刑事司法系统中"不惜任何代价地"允许使用现代监控技术，且不去平衡此类技术的过度使用对私人生活的利益所产生的潜

---

① S. and Marper v. the United Kingdom, App. no. 30562/04, 30566/04, §§ 207—209, 4 December 2008.

② Peck v. United Kingdom, App. no. 44647/98, § 80, 28 January 2003.

在影响",那么公约第八条款的保护将会被"不可接受地削弱"。就 S 先生和马普来看,对可疑人员而非犯罪人员的指纹、细胞样品和 DNA 的"覆盖式地、不加选择的"保存,"未能在公共和私人利益的竞争中形成平衡",因此,存在争议的数据保存构成了对公约第八条款的不合理地侵犯。①

欧洲人权法院在一系列的判决中确立了数据监控领域的合宪性审查标准,以保障《欧洲人权公约》第八条所确认的隐私权,通过司法权强化数据监控领域的民主监督功能。然而,从欧洲人权法院的判决来看,在常态性的大数据监控计划盛行的当下,以反恐和国家安全为名义实施的监控往往与一般的刑事侦查程序界限模糊。公共部门大规模巨型个人数据库的建立也使权力机关获取个人数据变得更为便捷。到底在何种条件下,启动何种监控措施不免产生争议。在 2014 年"爱尔兰数字权利案"(Digital Rights Ireland)的审查中,欧洲法院(ECJ)否决了大规模数据留存的合宪性,认为大规模的通信元数据留存构成对隐私权的干预。虽然欧洲法院认为《数据留存指令》的立法目的"打击恐怖主义和严重犯罪"是正当的,但认为采取涉及所有人的通信元数据留存的措施所造成的对隐私权的干预不符合比例原则的要求。欧洲法院引用欧洲人权法院的判决认为,考虑到个人数据保护相对私人生活保障的重要性,以及涉及干预行为的严重性,所以欧洲法院应当采取更严格的标准来审查《数据留存指令》。②也就是说,欧洲法院否决了政府以大规模数据监控模式从事治理的合宪性,该案的判决对于未来欧洲各国的大数据监控项目将产生重大影响。

---

① S. and Marper v. the United Kingdom, App. no. 30562/04, 30566/04, §§31—32, 4 December 2008.

② See Joined Cases C-293/12 & C-594/12, *Digital Rights Ireland*, 8 April 2014.

第五章
实践场景中的隐私权限制合宪性

第一节　秘密通信拦截中的隐私权限制合宪性

一、主要国家秘密通信拦截的规范框架

一般来说,各国都将执法机构实施通信拦截和情报机构实施通信拦截分立为两种体系而实施不同的授权架构,即使这两种授权不是完全分立,也是由不同的法律进行规制的。有权实施通信监控的权力机关分为一般的执法机构和安全情报机构。本书对部分国家的通信拦截立法规制作了梳理,以试图厘清当前各国执法和情报活动的法律依据、特点和监督机制,为大数据监控环境下探讨我国通信监控制度改革提供参考。

（一）对执法机关实施通信拦截的规制

美国 1968 年《窃听法》(Wiretap Act)、《电子通信隐私法》(ECPA)、《执法通信协助法》(CALEA)、《反恐怖主义和有效的死刑法》(Antiterrorism Act)、《爱国者法》(PATRIOT Act)、《外国情报监控法》(FISA)等法律共同构成了美国数据监控法律体系。[1]在通信拦截方面,美国 1968 年《窃听法》

---

① Federal Statutes: Relevant in the Information Sharing Environment(ISE),https://it.ojp.gov/PrivacyLiberty/authorities/statutes,Oct.12,2017.

规定,所有的通信拦截行为必须得到法院授权,并经过仔细地审查。联邦调查局(FBI)或者州总检察长办公室的高级官员必须向联邦法官申请"通信拦截搜查令"(interception warrants)。这种申请必须以书面形式并详细地陈述事实和具体情况。执法机关必须向联邦法官提交实质性的书面证据,证明通信拦截的必要性以及与某些严重的联邦重罪相关的证据。如果执法机关要求延长窃听的时间,他必须向联邦法官说明至今已经获得的窃听内容或者对前一项授权未能获得成果进行合理解释。法院的审查依据是,执法机关提交的材料是否满足实施窃听的"合理理由"(probable cause for belief),条件包括:(1)犯罪行为已经或者将要发生;(2)实施该犯罪行为的通信是可获得的;(3)正常的调查程序已经实施且失败或不可能成功;(4)通信方式被或将被用于实施犯罪。通信拦截搜查令的有效时间不得超过必要的期限(30天)。除了通信拦截需要的这种超级搜查令(super warrants),法院签发根据《美国电子通信隐私法》(ECPA)的搜查令并不需要上述理由中的第三条。持有搜查令,执法机关不但能获得通过《美国电子通信隐私法》(ECPA)传票或法院命令所能获得的信息,还能获得用户的搜索查询信息以及存储在网络服务商服务器中的私人内容,例如邮件、文档、照片和视频。

加拿大的《刑法》、1974年的《隐私保护法》、2014年的《保护加拿大人免遭网络犯罪法》(PCFOC 2014)都对执法机关拦截私人通信进行规制。在加拿大,执法机关为了获得通信拦截的授权,必须向高等刑事法院的法官提出申请,申请需由其所在省的司法部长(或由政府指定的代理人)签署,并附有陈情书,列出通信拦截授权发放的事实依据连同犯罪详情;提出拦截的私人通讯类型;已知的所有人的姓名、地址和职业,有合理理由相信拦截哪些私人通信可能协助犯罪调查,通信截获目标地点的性质和位置,以及截获方式的一般描述;之前提出的、与该罪行相关的、被撤销或驳回的申请事例数量

（如有），并列出陈情书中涉及的人员、申请的时间、申请法官的名字；请求授权的期限；是否已经尝试过其他调查程序并失败，或者为什么该程序看起来不太可能成功，或者问题很紧迫，只使用其他调查程序进行调查是不现实的。申请需为事前的，窃听过程需保密。在授权期限届满后的 90 天内，必须向监听对象发出通知，告知其受到了监听。在恐怖主义的犯罪案件中，法官认为"符合正义"的条件下，保密延期最长为调查结束后的三年内。对于存储在云服务器或个人计算机上的通信文件，执法机关也可以通过申请法院命令或搜查令获取。法官认为有合理的理由相信曾经或怀疑有"任何违法或涉及违法"的行为或犯罪证据或嫌疑人行踪时即可颁发搜查令。法官也可以命令除受到犯罪调查的人以外的某个人制作文件或根据已经存在的数据准备文档。2014 年，加拿大议会通过了《保护加拿大人免遭网络犯罪法》（PCFOC 2014），用"合理的理由怀疑"取代以往的"合理理由"，降低了执法机关向法院请求获得司法授权或法院命令，获取公民通信内容的门槛。

　　澳大利亚有关通信拦截的法律主要规定在 1979 年《电信（拦截和访问）法》、2004 年《监控设备法》和 1997 年《电信法》（2015 年修订）中。执法机关实施通信拦截，可以向有资格的法官或行政上诉法庭（Administrative Appeals Tribunal，AAT）指定的法官申请搜查令。可提出申请的机构有很多，包括各州独立反腐委员会（Independent Broad-based Anti-corruption Commission）和各种犯罪委员会（Crime Commissions）。申请书必须说明申请基于的事实和其他依据。法官可以发放的搜查令有两种：一是电信服务搜查令，该搜查令将授权拦截可能会被目标人物使用的特定电信服务。它必须写明与该服务或人物相关的之前的申请数量，以及该机构是如何使用旧搜查令截获信息的；二是指定对象搜查令，该搜查令会写明目标对象的名字以及足够的细节，以识别目标对象所用的电信服务，同样需要写明之前申请的细节和所获内容的用途。法官或行政上诉法庭法官签发搜查令的合理理由包括：有充分的理由怀疑该特定对象正在使用或有可能使用该服务；可能获得的信息很有可能帮助该机构调查一项重大犯罪。法官需要对以下因素加以考量：(1)个人或多人的隐私会受到怎样的干扰；(2)构成犯罪的行为的严重程度；(3)所获信息的价值；(4)已使用的其他手段的范围，是否有可能帮助或损害调查。法官还必须充分了解有没有其他可行的方法可以获取通信信息。

2012年新西兰《搜查和监听法》（The Search and Surveillance Act 2012)对包括进入、设置路障和通信拦截在内的所有种类的搜查令作出规定。如果执法人员希望使用通信拦截设备拦截私人通讯（以及进行其他形式的监听），则必须要获得搜查令。使用监听设备（包括使用通信拦截设备）的申请必须为书面形式，列出"合理细节"：包括申请人的名字、申请所依据的规定、申请的法律依据、授权搜查的可疑罪行、设备的类型、人物、地点、任何作为监听对象的事物、期望获得的内容和所申请授权令的期限。如果不能确认人、地点、物或设备，申请中至少需定义行动的参数和目标。申请只能由已获枢密院颁令（Order in Council)批准的一名警员或一名执法人员作出。除了警察以外的其他执法机关，只有被总督颁布的枢密院颁令指定后才可实施通信拦截。法官对实施通信拦截的申请加以审查，在有充分的理由相信某种犯罪行为已经或正在或即将施行，且该犯罪属于附录中列明的严重犯罪，并且有充分理由相信实施拦截将获得证据性材料。

在德国，电子通信的监控与记录被认为是对德国《基本法》第十条第一款规定通信的秘密性的干预，同时也是对《基本法》第一条和第二条第一款保护的公民不得在违背其意愿的情况下被记录言辞的权利的干预。为保护上述宪法基本权利，德国《刑事诉讼法》第100b条第二款规定，执法机关实施监听需要获得司法令状，并指明监听的种类、范围和持续期间，最长期限为 3 个月，准许期限延长的，每次不超过 3 个月。也就是说对于通信往来是否监视、录制，只允许法官决定，但在延误就有危险时也可以由检察院决定，检察院的命令如果在 3 日内未获法官确认的，将失去效力。①一般情况下，法官都会倾向于批准此类令状，以至于实践中关于新式侦查的另一问题是电话监听中法官保留原则的有效性问题，实践中法官批准监听过于频繁，人们开始怀疑法官控制监听的有效性到底有多大。②

（二）对情报机关实施通信拦截的规制

美国情报机关实施通信拦截的主要法律依据是《1994 年通信协助执法法》《爱国者法》和《1978 年涉外情报监控法》，以此规范情报机构对涉及美国公民以及长期在美居住的居民的通信进行拦截的权力。美国情报机关获取通信一方当事人是美国人的通信内容时，需要司法部长向特殊的联邦法院即"涉外情报监控法庭"（FISC）申请，获得通信监控的授权命令。情报监控除获取存储的电子信息外，重点在于其存在实时窃听等获取数据的情形，包括互联网企业在内的通信企业，需要协助情报部门对口头或电子通信形式的信息进行同步或实时监控，并提供给情报部门。③《1994 年通信协助执法法》及《爱国者法》要求，通信服务商应当具备法定的技术协助能力，在有法庭命令或其他合法授权的前提下，为执法人员提供拦截、窃听、识别、屏蔽等功能的能力。其中监听装置命令的获取门槛是最高的。监听装置命令可要求公司实时披露包含通信内容的信息。为符合法律要求，政府机构必须

---

① 胡铭：《技术侦查相关问题研究：英法德荷意技术侦查的程序性控制》，载《环球法律评论》2013 年第 4 期，第 5—18 页。
② 同上。
③ 顾伟：《美国政府机构获取电子数据的法律程序研究》，载《信息安全与通信保密》2016 年第 12 期，第 41—49 页。

证明以下几点：(1)遭到监听的对象正在进行《监听法》中列出的犯罪行为；(2)监听装置将能收集犯罪相关信息；(3)监听的电话号码或账户涉及该机构正在调查的犯罪事件。此外，法院还必须了解，政府机构无法（或可能无法）通过"常规"方式调查犯罪罪行；或者使用"常规"方式太过危险，根本无法付诸实行。

加拿大安全和情报服务部(CSIS)要求情报部门在实施通信拦截之前要获取部长和法官的共同授权。然而加拿大收集外国情报的部门"通信安全部"(CSE)可以在未获得司法同意的情况下实施海外通信拦截。通信安全部收集外国情报的决定通常为内部决定，立法没有设置外部监督要求。在实施通信拦截收集外国情报的过程中，通信安全部对意外收集的"私人通信"（即加拿大人或位于加拿大的人的通讯）将进行清除。为了防止这一行为违反《刑法》第六部分中禁止非法拦截的规定，1985年《国防法》设立了一项特别授权制度，授权国防部长批准通信安全部获取涉及私人通讯的外国情报，而无需法官同意。部长必须确信，拦截将针对加拿大以外的外国实体、信息无法以其他方式获得、材料的价值足够为拦截提供理由、采取了足够的措施保护加拿大人的隐私，且只有在对国际事务、国防或安全非常重要时，所收集的材料才会被使用或保留。针对外国情报收集的广泛的授权与安全和情报服务部针对国内公民的集中且具体的授权流程形成了鲜明的对比。

新西兰的情报监控监督机制和加拿大类似。新西兰的安全和情报服务部(NZSIS)在新西兰境内实施通信拦截，必须获得部长和高等法院法官的同意。根据新西兰《安全情报服务法》规定，如果搜查令下任何行为旨在收集新西兰公民或永久居民的私人通讯，任何搜查令或访问授权的申请都必须同时向部长和安全授权令专员作出。如果搜查令或授权不寻求收集新西兰公民或永久居民的私人通讯，则只需部长同意。政府通信安全局(GCSB)是新西兰实施涉外情报监控的部门。政府通信安全局的主管可向部长以书面的形式申请授权令，授权拦截：(1)授权中明确的一名或多名或几类人物，一个或多个或几类地点所收发的通信；(2)从海外国家发出的或被发往海外国家的通信；(3)该局无法合法访问的，已标明的一个或多个或几类信息基础设施。部长和专员签发通信拦截的搜查令需要考虑以下因素：搜查令会使当局得以履行其职能；结果会为拦截提供正当理由；无法通过其他手段实现；施行了必要的措施，以确保在授权令下只会进行必要的行动；行为措施与目的相比较是合理的。

澳大利亚《1979 年电信(拦截和访问)法》规定了情报机构实施通信拦截的机制。该法规定，澳大利亚安全情报组织(ASIO)实施通信拦截必须获得总检察官的授权。澳大利亚安全情报组织可以申请三种类型的通信拦截搜查令，以获取被合理怀疑参与或可能从事有损国家安全活动的特定个人的通信。(1)搜查令针对参与有损国家安全活动的人物有可能使用的通信服务；(2)搜查令针对特定对象，情报机构有权截获该对象使用的各种通讯(所有人的电话号码或邮件地址)；(3)B 方搜查令(B-Party Warrant)，允许截获非嫌疑人与嫌疑人的通讯。国家安全相关的搜查令许可的目的范围相当狭窄，并且不包括大规模通信拦截。澳大利亚安全情报组织获取涉及外国情报的搜查令有另外的机制。根据个案情况，总检察长在国防部长或外交事务部长的建议下，根据实施外国情报拦截是否符合澳大利亚的国家安全、外交关系或经济福祉的利益颁发搜查令。搜查令也有三种类型：(1)搜查令授权拦截相当广泛的特定"通信服务"。在已知情况下，搜查令申请中应写明姓名和地址、职位和通信者人数。(2)指定对象搜查令，要获得此种授权令，申请中必须写明该人或组织使用的电信服务以及将要收集的外国情报信息。（3）"外国通信"搜查令，只用于截获外国通信（在澳大利亚境外收发的通信）。

二、主要国家实施秘密通信拦截规制的合宪性控制

虽然上述国家在司法传统和价值取向上存在差异，导致隐私权保护制度各有不同。但是普遍的要求是，对通信隐私权的干预均应受到正当程序的规制。通信监控领域始终是隐私权和国家安全、刑事执法需求冲突最为激烈的领域。在前文讨论欧洲隐私权理论发展时，重点分析了欧洲人权法院对于通信监控的合宪性审查，也可以看出隐私权保障有赖于对通信监控行为的有效监督。观察各国的通信拦截立法，有以下两个特点值得关注：

（一）由司法机关主导审查执法机关实施通信拦截的合法性

对基本权利限制的限制是权利理论和宪政理论的重要内容，是基本权利得以具体化的前提或条件。[①]宪法的"法治原则"即是指国家立法的目的，应在于避免宪法所保障的隐私权遭到恣意干预和侵害。关于实施通信拦截的规定，尤其应该明确法律的授权范围、自由裁量的范围、通信拦截行使方式、权力控制机制等。

首先，上述国家实施通信拦截监控措施基本都遵循"法律保留原则"这一基本要求，以更好地阻止权力机关的恣意干涉。根据欧洲人权法院的审查标准，法律保留原则对法律的内容和质量提出了要求。从上述国家的通信拦截立法来看，法律规定都清晰、明确且较为详细，这有助于限制权力机关的自由裁量权的范围。比如，在规定申请通信拦截搜查令所需列举的理由方面，各国都在立法中规定了执法机关所需提供的详细事实信息，以证明

---

① 高慧铭：《基本权利限制之限制》，载《郑州大学学报：哲学社会科学版》2012 年第 1 期，第 49—52 页。

实施通信拦截措施的必要性和合比例性。法官批准签发通信拦截的搜查令，必须基于合理的理由。此外，这些立法还详细规定了通信拦截搜查令据以发出的违法行为的性质；明确定义哪些类型的对象可以成为通信监控的对象；通信监控的期间限制；检查、使用、存储监控获得通信监控数据所应遵循的程序；在哪些情况下可以告知被监控人。正如欧洲人权法院在克鲁斯林案中表达的立场，国家立法必须合理明确地表明公权力机关实施隐私权干预行为的裁量权的行使范围和方式。①

其次，根据权力分立原则，由司法实施对通信监控行为的监督普遍得到认可。相比较依靠执法机关的自觉或执法机关内部监督机制，上述国家更加信赖司法的独立性和监督能力。由司法机关来审查执法机关提出的通信拦截需求的合法性和必要性，以实施对隐私权干预活动的监督。上文所述的大多数国家立法都采取"令状主义"，要求执法机关实施通信拦截必须获得法官颁布的搜查令。法官通过审查实施通信拦截措施的合理理由，对个人生活产生的侵扰进行事实判断，审查通信拦截是否具有法定事由和证据，可以限制权力机关肆意启动通信拦截等技术侦查措施导致的对隐私权的不当侵害。

再次，关注实施通信拦截措施与执法目的之间的合比例性。各国法律文本中呈现的对通信隐私权的干预，最主要的合法理由是国家安全、公共安全、刑事调查等。由于干预手段的差异对通信隐私权造成的影响有所不同，因此欧洲人权法院在一系列判决中尤其强调了手段和目的的合比例性。比如通信拦截的申请需要明确针对的特定对象，新西兰的立法中特别强调不支持实施针对不特定人的大规模的通信拦截。

---

① Kruslin v. France, App. no. 11801/85(1990).

（二）国家安全特权泛化趋势下采取多样化的监督形式

1. 国家安全特权呈现泛化趋势

近年来，恐怖主义威胁成为全球非传统安全领域最为主要的议题。美国政府以国家安全为理由实施的众多大规模数据监控项目凸显出，国家安全语境下基本权利保障存在偏差和特别法律规则的不可控性。情报机构在隐私权干预中扮演着秘密的、难以制约的重要角色。斯诺登揭露美国国家安全局的数据监控项目并非首次发生。早在克林顿执政时期，美国实施的"梯队系统"（ECHELON）间谍项目就曾引发欧洲对美国抓取和分析国际通信信息，侵犯欧洲公民隐私权的不满。①与此同时，欧洲政府同样也在从事类似的国际通信数据的收集。②斯诺登事件揭露英国政府通信总部（GCHQ）获取谷歌和雅虎的国际电子邮件通信内容，还通过光纤电缆窃取存储在英国的所有数据。③牛津互联网研究院伊安·布朗（Ian Brown）教授于2012年的一项研究发现，英国政府正在没有法院授权的情况下系统性地获取私人部门数据。④

在美国，立法授予情报部门以特权和例外规则，访问私人部门拥有的与外国情报收集相关的通信数据。1978年开始实施的《外国情报监控法》702条款允许总统通过总检察长授权，在无法院命令的情况下，针对在境外的外国政府和机构实施电子监控。这些授权都是以秘密的形式发出的。《爱国

---

① Constant Brand, Europeans Warned over Echelon Spying, The Guardian, http://www.the-guardian.com/world/2001/may/30/eu.politics，May 30, 2017.

② Jean Guisnel, The French Also Wiretap Their Allies, Le Point, http://www.lepoint.fr/actual-itespolitique/2007-01-25/les-francais-aussi-ecout ent-leurs-allies/917/0/91357，May 30, 2017.

③ Charlie Savage et al., N.S.A. Said to Tap Google and Yahoo Abroad, N.Y. Times, http://www.nytimes.com/2013/10/31/technology/nsa-is-mining-google-and-yahoo-abroad.html，May 30, 2017; Kadhim Shubber, A Simple Guide to GCHQ's Internet Surveillance Programme Tempora, http://www.wired.co.uk/news/archive/2013-06/24/gchq-tempora-101，May 30, 2017.

④ Ian Brown, Government Access to Private-Sector Data in the United Kingdom, *International Data Privacy Law*, 2(4), 2012, pp.230, 237—238.

者法》第215条允许情报机构从私人部门那里获得商业记录，并且情报机构还可以发出"国家安全信函"，伴随言论禁止令，限制接受命令的私人部门公开国家安全信函的存在。这些命令的发出不受任何司法的审查。《外国情报监控法》允许外国情报法庭授权政府获得在美国境内实施窃听的权力。根据美国电子信息隐私中心2013年的一项研究显示，在过去5年中，外国情报法庭仅仅拒绝了8 591次政府数据访问的要求中的两起。①

　　在欧洲，与美国一样，情报机构在获取数据方面享有特权。例如，在英国，国务大臣（通常是外交大臣或是内政大臣）无需法院授权即可下达通信拦截命令。根据英国《调查权法》，通信拦截可以基于保障英国人民的经济福祉的目的发出。②法国也同样有类似的机制，允许情报部门在没有法院命令的情况下收集通信数据。尽管法国在1991年设立了国家安全情报拦截控制委员会，但是委员会对拦截的合法性仅仅具有建议权，而没有权力制止该类行为。③因此，法国并没有真正独立的监管政府大规模监控行为的机构。并且，法国和英国一样，为了法国经济利益，根据总理办公室的命令进行安全情报拦截是被允许的，因此行政部门参与监控是有广泛基础的。荷兰和瑞典也同样允许没有授权的情报窃听。在德国，战略性的监控享有特别的特权。根据德国总理的命令，德国情报机构对互联网服务商的设备可以实施直接的搭线窃听。④

① Claire Cain Miller, Secret Ruling Put Tech Firms in Data Bind, N.Y Times, http://www.ny-times.com/2013/06/14/technology/secret-court-ruling-put-tech-companies-in-data-bind.html?pagewanted=all, May 30. 2017.
② 参见《调查权法》第二条四款。
③ Winston Maxwell, Systematic Government Access to Private Sector Data in France, *International Data Privacy Law*, 4(1), 2014, pp.4—11.
④ Cyrus Farivar, German NSA Has Deal to Tap ISPs at Major Internet Exchange, https://arstechnica.com/tech-policy/2013/10/german-nsa-has-deal-to-tap-isps-at-major-internet-exchange/, May 30, 2017.

2. 对安全和情报部门通信拦截的民主监督形式多样

欧盟法律民主委员会〔也被称为威尼斯委员会（Venice Commission）〕在 2007 年发布的一份有关安全机构的民主控制的报告指出，对安全机构的民主监督主要包括三种类型，立法监督、专家监督和司法监督。①

（1）立法部门监督

立法部门监督是最常见的监督情报活动的方式。通过在立法机关内设立的专业委员会对安全和情报部门的通信监控行为进行审查。在美国，国会两院都有常设的情报委员会，情报委员会负责审查情报机构的政策、行动和合规。在英国，立法机关的情报委员会审查情报机构的政策、行政和行动。情报机构的合规则由专员和调查权力法庭（Investigatory Powers Tribunal）负责。

由立法机关负责情报机构活动审查的优势在于，立法机构有能力审查机构或行政人员是否滥用了立法所赋予的权力。立法者也可以对安全和情报机构进行预算审批，作为审查工作的一部分。由立法机关的专门机构审查的缺陷在于：立法机关有潜在的政治顺从倾向，对安全和情报部门的活动会过度认同。威尼斯委员会的报告发现，行政部门对立法委员会作用的看法，会对委员会审查安全和情报机构的效率、效力和合法性的能力产生巨大的影响。在绝大多数情况下，立法机关的监督委员会依靠行政机构提供的信息进行审查。②

（2）专家监督

有些国家通过成立专家小组来审查安全和情报机构的活动。比如加拿大安全情报审查委员会（SIRC）整合了议会和外部审查的职能。委员会的成员由议员构成，但是实际日常运作由委员会的雇员实施。委员会的成员每年仅

---

① European Commission for Democracy through Law, Report on the Democratic Oversight of the Security Services，http://www. venice. coe. int/webforms/documents/default. aspx? pdffile = CDL-AD(2015)010-e, June 2, 2017.

② Ibid.

仅在几天内开会讨论事务。加拿大负责外国情报收集的通信安全部(CSE)的监督由一个退休法官作为特殊专员承担,由他每年向议会报告部长授权通信拦截的情况。①通过专家小组监督的潜在好处是,专家有更多的专业知识和时间对安全和情报机构实施监督,避免了政治分歧和议会委员会哗众取宠的倾向。专家小组实施监督所施加的压力也可能比议会机构更连续、更持久。

专家审查的另一种形式是设立检察长(inspectors general)。在许多国家,检察长负责审查安全和情报机构工作的效率、效力和合法性。澳大利亚和新西兰都设立了一名检察长负责监督安全和情报机构。美国作为这一系统的初创国,有着大量的检察长。根据 1978 年《检察长法案》(Inspector General Act)设立在行政机构或"指定联邦实体"之内的机构都有法定检察长,根据修正案,中央情报局也设立检察长,整个情报界也设立检察长。检察长可以审查情报机构的活动、调查投诉、发起监察、审核、调查以及提出建议。检察长的权力包括质询情报机构雇员和访问情报机构的处所和数据。②

(3)司法监督

司法监督也是审查安全和情报机活动的重要形式。在一些国家,司法机关在情报机关申请通信拦截等监控措施时实施事前审查。而在另一些国家,司法机关在认为情报机关的监控措施具有侵入性时,则发起事后的审查。最为典型的是美国,根据《外国情报监控法》,美国专门设立外国情报监控法庭实施监督。然而,受到全球恐怖主义威胁的影响,美国司法机构对基于国家安全的情报监控的审查持非常审慎的态度。《2015 年度情报透明报

---

① Hans Born, Loch K. Johnson, Ian Leigh ed., *Who's Watching the Spies?*: *Establishing Intelligence Service Accountability*, Potomac Books, 2005, p.114.

② European Commission for Democracy through Law, Report on the Democratic Oversight of the Security Services, http://www. venice. coe. int/webforms/documents/default. aspx?pdffile=CDL-AD(2015)010-e, June 2, 2017.

告》也显示，通过司法审查监督政府的监控活动收效甚微。比如，司法部备忘录中显示，涉及美国《外国情报监控法》(FISA)的申请，2015年法院批准了政府以该理由进行的每一项申请。2015年美国国家安全局(National Security Agency，NSA)与联邦调查局(Federal Bureau of Investigation，FBI)向法院提出的1 457项令状申请都获得了通过。2014年也同样如此，政府一共提交了1 379次令状申请，法院通过了全部申请。[1]

此外，美国法院对《电子通信隐私法》(ECPA)的适用解释陷入了困境。在实践中，据联邦行政司法官史蒂芬·史密斯(Stephen Smith)在其论文中所言，《电子通信隐私法》授权颁发的法院令状或秘密电子监控命令是美国最大的秘密案件来源。[2]此外，外国情报监视法庭的证据是秘密的，并且常常由法院自己扣留了。大多数审理程序处于保密状态，因此是非对抗性的。最终，法院的裁决也是秘密的，并由政府进行编辑后发布。这种保密的结构有碍于实施有效的监督。

第二节　大规模通信元数据留存中的隐私权限制合宪性

2013年美国国家安全局"棱镜门"事件曝光和2015年欧洲法院对《数据留存指令》的无效判决使人们意识到，常态性、大规模的海量通信元数据监

---

[1]　ODNI：Statistical Transparency Report Regarding Use of National Security Authorities-Annual Statistics for Calendar Year 2014，https://icontherecord.tumblr.com/transparency/odni_transparencyreport_cy2014，June 2. 2017.

[2]　Stephen Smith：Gagged, Sealed & Delivered, *Harvard Law & Policy Review*，Vol.6，2012，pp.601—625.

控可能会对隐私权造成不可逆转的侵蚀。通信元数据是否应当或者在多大程度上应当像通信内容数据那样得到严格的保护在国际上引发了激烈的争议。

一、大规模通信元数据监控的国际立法趋势

随着大数据分析技术在执法部门和公共服务中的广泛应用，大规模通信元数据监控分析成为打击和预防恐怖主义和严重犯罪，提高公共服务效率和水平的重要手段。与此同时，大规模通信元数据监控的法治化亟待实现国家安全、公共利益与公民隐私权的平衡。因此，要求网络运营者留存通信元数据的法律规制也进入了立法者的视野。近年来，澳大利亚、德国、美国等国家纷纷制定或修改通信元数据相关的法律要求，试图将大规模通信元数据监控纳入法治框架。

（一）通信元数据留存范围规制

元数据又被称为"数据的数据"或者"信息的信息"[1]，通常指人们在网络传输和通信传输中产生的传输数据和定位数据等非通信内容数据，包括通信参与者的身份、通信日期、持续时间、频率、使用设备或服务时的位置、IP 地址、网络连接日期和时长等。在信息社会中，人们在浏览网站、使用电子邮件、搜索引擎、智能手机、物联网设备等网络和通信服务时会产生海量的元数据，在大数据的算法分析技术的支持下，持续的通信元数据监控可以揭示出个人的爱好、兴趣、社会关系、宗教信仰等个人生活的全景和思想活动的地图，并以此对人们未来的行为进行预测甚至影响。[2]

---

[1]　吴常青等：《欧盟法视野下的情报部门元数据监控》，载《情报科学》2016 年第 35 卷第 11 期，第 14—19 页。

[2]　杜克大学社会学教授基兰·希力（Kieran Healy）就曾在《使用元数据找寻保罗·瑞维尔》这篇文章中详细揭示了社交网络分析的巨大能量。Kieran Healy, Using Metadata to Find Paul Revere, https://kieranhealy.org/blog/archives/2013/06/09/using-metadata-to-find-paul-revere, June 9，2017.

目前,各国立法中对通信元数据具体包含的数据信息范围并没有统一的界定。比如2015年澳大利亚修订1974年的《通信(拦截与获取)法》时,将元数据的范围确定为,包括电信设备和其他相关服务的订户、账号和服务信息;通信源、目的源、时期、次数、时长;通信类型或服务类型;设备位置等。①英国2016年的《调查权法》则采用"通信数据"的概念,包含了识别或辅助识别通信双方当事人,通信时长,通信类别、方法或模式,通信传输的系统,通信系统的位置以及互联网连接记录的数据。②2015年欧盟法院判决无效的欧盟《数据存留指令》规定,留存数据的范围包括追查和识别通信源头的数据;识别通信地点的数据;识别通信日期、时间和通信时间长短的数据;识别通信类型的数据;识别用户所使用的通信设备及可能使用设备的数据;识别移动通信位置的数据。总体来说,不管是使用"通信元数据""通信数据"还是"流量数据"等概念名词,其含义一般都不包含通信内容,是指通信内容以外的通信数据。

美国法律并没有要求电信服务商强制留存通信元数据。在实践中,通信服务商为了账单统计需要制定自己的数据留存政策,在一定时间内留存用户的通信元数据。通信服务商的数据留存政策各不相同,但是一般来说,普遍长时间留存的是用户的基本信息、电话通话记录、基站位置信息、短信非内容信息、IP源地址和目的地址信息、账单信息等。这些信息都属于非通信内容的元数据信息。而对于通信内容信息,通信服务商一般不留存或仅作短时间留存。根据美国《1984年电子通信隐私法》2703条(c)款第(2)的规定,美国执法机构通过传票(Subpoena)可以获取公民的通信元数据,其

---

① 订户信息包含了为识别身份目的的留存的信息。参见澳大利亚《2015电信修正案(数据留存)》第187AA。

② See *Investigatory Powers Act* 2016, article 87(11).

范围包括姓名、地址、短途和长途通话记录、通话时间和时长、服务期限（包括开始时间）、采用的服务类型、电话和设备号码、其他用户的号码或者身份、临时配置的网络地址、服务支付费用的方式和来源（包括信用卡或银行账号）。

（二）通信元数据的留存目的正当性规制

不同国家对通信元数据留存目的的正当性认识并不一致，从国际立法例子来看主要分为宽严两类留存目的：一种是将数据留存目的严格限定在维护国家安全、国防事务、公共安全的需要。也就是要求公共电信服务商、通信服务商或公共通信网络服务提供者将流量数据和位置数据存留一段时间，以协助执法机关进行严重犯罪与恐怖主义等涉及国家安全犯罪调查时参考使用。[①] 在欧盟 2006 年的《数据留存指令》生效之前，法律要求删除或者进行匿名化处理以记录账单为最初目的而留存的电子通信记录。1997 年，欧盟制定《电子通信领域个人数据处理和隐私保护指令》[②] 对数据留存的禁止规定了例外，该指令允许成员国"为了保护公共安全、国防、公共秩序的需要，以及相关活动涉及国际安全和刑事执法以及经济福利时"进行国内立法，要求进行数据留存。2002 年欧盟的《电子隐私指令》（e-Privacy Directive）允许成员国为执行法律的目的而实施通信数据留存，即"当这些限制构成民主社会中，为保障国家安全与国防、公共安全以及对刑事犯罪和未经授权使用电子通讯系统行为的预防、调查、侦查和起诉，所必要、适当且合乎比例的措施"。最终，欧盟各成员国据此进行数据留存立法，并产生了较大的差异。2004 年马德里火车连环爆炸案和 2005 年伦敦恐怖袭击，推动了

---

① 雷志高：《欧盟数据存留指令评鉴》，载《中国信息安全》2014 年第 10 期，第 106—109 页。

② See Directive 97/66/EC of the European Parliament and of the Council of 15 December 1997 Concerning the Processing of Personal Data and the Protection of Privacy in the Telecommunications Sector.

2006 年《数据留存指令》的出台。该指令旨在保证执法机关在有组织犯罪和恐怖主义犯罪的预防、调查、侦查和起诉中，可以从服务商那里获得用户通信元数据。2016 年 1 月，德国制定了新的《数据留存法》，更是将数据留存的目的限制在执法机关打击"严重犯罪"上，并且通过德国《刑事诉讼法》限定了"严重犯罪"的有限范围。[①]

另一种是设定较为宽泛的通信元数据留存目的。以澳大利亚 1979 年的《电信(拦截和访问)法》(TIA 1979)为例，该法规定了将电信数据披露给刑事执法机构的框架。执法机关可以在"合理必要"的情况下获取电信数据。合理必要的情况包括：执行刑罚、查找失踪人员、执行罚款或保护公共税收。因此，在澳大利亚，有权征收罚款的机构和税务部门也可以要求获取电信数据。英国 2016 年的《调查权法》罗列的执法机关可以获取通信元数据的理由也相当广泛，包括国家安全、预防和调查犯罪、与国家安全相关的经济福利、公共安全、保护公共卫生、征税或其他政府收费、预防死亡及预防或减轻针对某人身体或精神的伤害、调查司法不公、监管和维护金融服务和市场稳定。虽然通信元数据留存目的较为广泛，但是各国立法普遍的趋势是通过明确列举可以获取通信元数据的各种情形，符合法律明确性的要求，防止恣意获取。

(三) 通信元数据获取权的监督机制

相较于通信内容数据保护的严谨性，立法一般对执法机关获取通信元数据实施较为宽松的监督机制，赋予执法机关较大的自由裁量权。

以美国为例，1968 年的《窃听法》要求执法机关必须获得法院颁发的搜

---

① Winston & Strawn LLP, New German Data Retention Law Expected to Take Effect Soon, https://www.lexology.com/library/detail.aspx?g=fe41234a-b807-47da-a20e-b725327b537a, Nov. 10, 2017.

查令（Warrant）才能获得电子通信服务商存储的所有用户数据，对于通信元数据，法律仅仅要求使用传票（Subpoena）或法院命令（Court Order）即可获得。传票是美国行政执法机构和刑事司法机构获取通信非内容数据的一种相对便捷的方式。《1984年电子通信隐私法》2703条（c）款第（2）规定，当政府机构利用根据联邦或州的法律、大陪审团的授权制作的行政传票、法院传票或者法定其他方式提出要求时，电子通信服务商或者远程计算服务的运营商应当向政府机构提供这些服务的用户或者客户以下信息：（1）姓名；（2）地址；（3）短途和长途通话记录，或者通话时间和长度；（4）服务期限（包括开始时间）以及已经采用的服务类型；（5）电话、设备号码或者其他用户的号码或者身份，包括任何临时配置的网络地址；（6）此类服务支付费用的方式和来源（包括信用卡或银行账号）。

　　法院命令（Court Order）是美国刑事领域中另一种获取通信内容数据和非内容数据的机制。执法机构需要提交具体事实，经有管辖权的法院审查后才能取得。理论上，政府通过法院命令可获取通信服务商的用户通信内容数据，也可以获取用户通信非内容数据。需要注意的是，根据美国《宪法第四修正案》确立的禁止不合理搜查和扣押的原则，以及一系列判例法实践，美国政府机构事实上很难通过法院命令获取过于敏感的内容数据，除保证警察安全和保全证据等先例外，内容数据的获取在多数情况下都需要取得申请门槛更高的搜查令。无法律明确禁止的情形下，向政府机构披露用户的数据，互联网企业应当告知用户。①

　　2016年英国的《调查权法》也同样赋予执法机关获取通信元数据相当大的自由裁量权。首先，如上文所述，执法机关认为有必要获取通信数据的

---

① 顾伟：《美国政府机构获取电子数据的法律程序研究》，载《信息安全与通信保密》2016年第12期，第41—49页。

情况相当广泛。该法罗列了九项获取通信数据的合法理由,以及为了实施特定调查和特定操作,为了测试、维护、开发设备、系统或其他获取通信数据能力相关等目的。其次,权力机关内部特定高级官员可以指定任何官员实施获取通信数据的行为。这意味着获取通信元数据的审批控制在执法机关内部,不受外部司法机关的审查。

二、美欧对大规模通信元数据留存的合宪性控制

(一)承认大规模通信元数据留存的隐私权干预性

根据隐私干预程度的不同,传统立法中一般将通信元数据与通信内容数据进行区分,采取不同的保护标准。然而,随着大数据技术的普遍应用,对通信元数据进行大量且持续的采集和分析,能够展现出个人通信的具体内容以及个人的敏感私密信息。这是否将会颠覆长久以来的通信内容数据与通信元数据的二分法,通信元数据在多大程度上具有合理隐私期待?目前,欧洲个人数据保护机构和欧洲法院以及多个成员国宪法法院都已经确认了大规模通信元数据所具有的隐私干预性,而美国立法机关和联邦法院仍存有不同的立场。

欧盟个人数据保护机构和欧洲法院确认了大规模通信元数据留存的隐私干预性。欧盟"个人数据保护29条工作组"(以下简称"29条工作组")是欧盟成员国个人数据保护代表组成的咨询机构,其在针对《电子隐私指令》的修改意见书中指出,通信内容数据和元数据之间难以区分,数字通信是由不区分通信内容和流量数据的技术协议所主导的。"29条工作组"认为,http协议规定URL的使用同时包括通信的内容元素(如可以从URL的锚点和参数读取访问网页内容)和流量数据(主机名)。尤其是网络服务商进行数据包检测和分析时,会显示用户和第三方(访问的URL)之间的通信内

容。此外,通信的频率、迄止时间、时点可表现出通信双方的关系类型和亲密程度,也能够推论出通信内容。如果将手机通信及通信软件的通信时间、地点绘制成一张图表,可以在短时间内获得个人完整的移动轨迹图。显然,欧盟个人数据保护机构认为,通信元数据的汇集和分析能够展现通信的实质内容,揭示私密性的信息,是一种隐私干预行为。

通信元数据留存的隐私干预性也在欧洲法院及成员国法院得到承认。2006 年,为了统一成员国执法机关在有组织犯罪和恐怖主义犯罪的预防、调查、侦查和起诉中获取通信服务商留存的元数据,欧盟制定了《数据留存指令》。然而,在指令转化为成员国国内法的过程中,许多隐私保护水平较高的国家都面临一系列宪法性挑战。德国联邦宪法法院认为,信息自决权是德国基本法保障的一项基本权利。德国实施欧盟《数据留存指令》的国内法违反德国基本法。因为该法让公众感受到被监控,并且对留存数据的使用没有作出充分的限制。①2015 年,欧洲法院在"爱尔兰数字权利案"中对《数据留存指令》进行了审查。②欧洲法院在判决中明确指出,大规模获取通信元数据构成对于《欧盟基本权利宪章》第七条(隐私权)和第八条(数据保护权)的干预。元数据作为整体,可以得出关于私人活动的精确结论,比如生活习惯、永久或临时的居所、日常活动、社会关系和对个人产生影响的社会环境。③欧洲法院从基本权利的客观价值秩序理论出发,认为《数据留存指令》要求通信服务商留存元数据的义务构成了对《欧盟基本权利宪章》规

---

① See BVerfG, 1 BvR 256/08 vom 02.03.2010.
② 2012 年,爱尔兰高等法院和奥地利宪法法院要求欧洲法院根据《基本权利宪章》第 7、8、11 条审查数据留存指令的有效性。在欧盟多层次的宪法架构中,个人有权针对直接对公民个人产生影响的欧盟法律提起宪法诉讼。然而由于欧盟法律大部分通过成员国国内法实施,挑战欧盟法律合法性的主要渠道是从国内法院开始提起诉讼。当某项欧盟措施的有效性或者解释存在疑问时,成员国的终审法院有义务将该问题提交给欧洲法院,这就是欧洲法院的先行裁决程序。
③ See Joined Cases C-293/12 & C-594/12, Digital Rights Ireland, §35.

定的隐私权和个人数据权的侵犯,而国家权力机关可以获取这些数据,则构成了对基本权利的进一步侵犯。

　　虽然"斯诺登事件"之后,有关通信元数据监控的合宪性成为美国隐私保护领域最具争议性的话题,然而目前美国联邦最高法院仍未准备对传统的"隐私合理期待"理论作出修正。在 1979 年"史密斯诉马里兰州"(Smith v. Maryland)①一案的判决中,美国联邦最高法院认为,由于电话用户已经将电话号码等信息告知了电话服务商,人们对其拨出的电话号码没有合理的隐私期待,因此,在电话公司的财产上安装电子记录器以捕获电话号码的行为,不构成宪法第四修正案意义上的搜查。根据此案的判决,美国《电子通信隐私法》(ECPA)将数据分为信封数据和内容数据。信封数据也就是元数据,相比内容信息,信封信息仅仅受到很少的保护。2015 年,美国第二巡回上诉法院审理了"美国公民自由联盟诉克拉伯"(ACLU v. Clapper)②一案。但令人遗憾的是,该案仅仅审查了美国国家安全局基于《爱国者法》第 215 条授权进行的大规模通信元数据收集项目是否超越了授权的范围,而没有从宪法层面对通信元数据是否具有合理隐私期待作出解释。从第四修正案角度讨论元数据监控的仅仅有 2012 年的"美国诉琼斯"(Jones v. United States)③案。在此案中,阿利托和索托马约尔大法官在协同意见中指出,使用 GPS 跟踪定位设备对他人进行长期监控,能够揭示被监控人大量的生活细节,这些细节往往是本人不愿意被揭露、也不愿意被拼凑起来进行分析的信息。虽然社会各界对美国政府元数据收集项目存在大量批判,但是,从司法克制的立场出发,美国联邦最高法院目前尚未准备修正通信元

---

① See Smith v. Maryland, 442 U.S.745(1979).
② See ACLU v. Clapper, 785 F.3d 787(2d Cir.2015).
③ See Jones v. United States, 132 S.Ct. 945(2012).

数据不具合理隐私期待的观点，即使该观点当前已经明显无法应对网络监控环境下隐私权保护的"合理隐私期待理论"。

美国立法机关回应了公众对大规模通信元数据中的隐私权侵害的关切，并提出对《爱国者法》第 215 条关于授权政府直接收集通信元数据权力进行改革的设想。2016 年《美国自由法》通过，该法提出，美国国家安全局不再直接收集和保存公民的通信元数据，而由电信服务商进行元数据留存。美国国家安全局向电信服务商索取公民通信元数据记录，需要事前向涉外情报法庭申请获得搜查令。《美国自由法》要求通过对执法部门数据获取的司法控制来实现权利保护和执法效率之间的平衡。

（二）美欧对大规模通信元数据留存的不同合宪性审查取向

虽然美国立法机关通过《美国自由法案》承认了大规模通信元数据监控的隐私干预性，通过引入司法监督程序，以制约之前执法机关不受约束的直接监控权，从直接监控转变为由通信服务商强制留存而在司法监督之下获取元数据。同时，美国联邦最高法院目前还未准备放弃"隐私合理期待理论"，仅有阿利托和索托马约尔大法官在"琼斯案"协同意见中提出对"隐私合理期待理论"的反思，对大规模通信元数据监控的合宪性审查虽然呼声很高，但是美国联邦法院尚未有实质行动。

相比美国司法机构的审慎主义立场，欧洲法院在保护通信隐私权上要积极主动得多。"目的正当性"和"比例原则"是欧洲法院在"爱尔兰数据权利案"中提出的大规模通信元数据留存的合宪性标准。

在"爱尔兰数据权利案"中，欧洲法院认为，《数据留存指令》所规定的实施大规模通信元数据留存的目的具有正当性。[①]《数据留存指令》的目标是

---

① See Joined Cases C-293/12 & C-594/12, Digital Rights Ireland, §35.

打击严重犯罪和国际恐怖主义,维护国际和平和安全,这符合公共利益的合法目标。通过利益平衡原则,确认打击严重犯罪和国际恐怖主义是对隐私权实施干预的正当性理由。在此后 2016 年瑞典电子通信服务商 Tele2 Sverige AB 诉瑞典邮电管理局(Tele2 Sverige AB v. Post-och telestyrelsen)以及内政部大臣诉华生等(Secretary of State for the Home Department v. Watson and others)联合案件中,欧洲法院重申了这一观点,即欧盟成员国不能对电信服务提供者强加以数据留存的一般义务,但是法院并不完全禁止数据留存。数据留存的目标如果与打击严重犯罪的目标相一致,那么这种数据留存是符合欧盟法律的。①

"比例原则"是欧洲法院审查的核心。欧洲法院认为,《数据留存指令》对隐私权和数据保护权的干预不符合比例原则。比例原则要求欧盟机构在通过立法追求合法目标时要符合比例性,不能为了达成目标而超越适当性和必要性的限制。欧洲法院从判例法中发展出多层次测试来验证某项限制基本权利的措施是否符合比例性。在"适当性"方面,欧洲法院认为,《数据留存指令》事实上适用于国家机构打击严重犯罪的目标。但是在"必要性"方面,欧洲法院认为,打击严重犯罪,特别是有组织的犯罪和恐怖主义,确实是至关重要的,这是为了确保公共安全,其有效性很大程度上依赖于现代调查技术的使用。然而,公共安全利益虽然是基本的,但是其本身不能证明《数据留存指令》中建立的大规模元数据留存措施是打击严重犯罪所必需的。②特别是,欧洲法院强调,《数据留存指令》建立的制度中对隐私权的干预限制没有达到严格必要的标准,而是造成了对欧盟所有公民基本权利的

---

① C-203/15 and C-698/15: Tele2 Sverige AB v. Post-och telestyrelsen and Secretary of State for the Home Department v. Watson and others, 21 December 2016.

② Joined Cases C-293/12 & C-594/12, *Digital Rights Ireland*, §51, 8 April 2014.

干预。①欧洲法院在 2016 年瑞典电子通信服务商 Tele2 Sverige AB 诉瑞典邮电局以及内政部大臣诉华生等联合案件中也重申了比例原则的重要性。法院认为,元数据留存措施对于元数据留存的类型,受影响的通信手段、涉及的人员、数据保留的期限,必须是必要的且合比例的。此外,权力机关获取留存的通信元数据必须是有条件的,并且需要实施数据保护措施。②

　　总结来看,欧洲法院认为,大规模通信元数据的留存和权力机关不受限制的访问,在必要性上存在四大问题:首先,指令适用对象范围没有限制。大规模通信元数据留存涉及的数据主体是所有适用电子通信服务的公民,即使没有任何证据证明其行为与严重犯罪有联系。③第二,对权力机关访问元数据的目的和程序没有限制。指令仅仅在第一条规定了各成员国在国内法中确定严重犯罪的概念,④元数据的获取也不依赖于法院事前的审查或者独立行政机构的审查,缺乏必要的监督机制。第三,元数据留存的期限没有就不同类型的数据对实现目标的有用性作出区分。⑤第四,指令并没有对由私人电信服务商留存的元数据提供充分的安全和保护,也没有要求元数据留存在欧盟境内,无法保证由独立机构根据保护和安全的要求进行控制。⑥

　　欧美对待大规模通信元数据留存采取不同的路径,显示出美国和欧洲在对待安全和隐私冲突时不同的价值取向。《数据留存指令》无效的判决代表了欧洲法院的观点,即在数据监控社会中,政府获得了大规模监控公

---

① Joined Cases C-293/12 & C-594/12, *Digital Rights Ireland*，§ 57，8 April 2014.

② C-203/15 and C-698/15：Tele2 Sverige AB v. Post-och telestyrelsen and Secretary of State for the Home Department v. Watson and others，21 December 2016.

③ Joined Cases C-293/12 & C-594/12, *Digital Rights Ireland*，§ 58，8 April 2014.

④ Joined Cases C-293/12 & C-594/12, *Digital Rights Ireland*，§ 60，8 April 2014.

⑤ Joined Cases C-293/12 & C-594/12, *Digital Rights Ireland*，§ 62，8 April 2014.

⑥ Joined Cases C-293/12 & C-594/12, *Digital Rights Ireland*，§ 68，8 April 2014.

民的技术能力的情况下,隐私权和数据保护权更应得到进一步地加强,而不是削弱。这种大规模数据监控虽然可以提高执法部门应对恐怖主义和严重犯罪活动的执法能力,但是大规模的个人数据的监控形成了对公民私人生活的严重干预,不仅侵犯私人生活保密的权利,也使公民丧失私人生活的自由。

然而,在恐怖主义和严重犯罪等风险的威胁之下,无论是大规模的通信数据监控还是要求互联网企业协助执法以获取用户数据,权力机关选择的价值秩序总是将安全和效率作为优先目标。尤其是在欧洲发生多起严重暴力恐怖袭击事件之后,民众对于安全的需求急剧上升。2015年,在德国的一次民意测验中,有56%的受访者愿意降低隐私保护标准,加强政府监控,而仅有37%的受访者反对。①从欧洲法院对于《数据留存指令》的判决可以发现,欧洲法院对大规模通信元数据的留存在目的正当性上没有反对,只是认为大规模数据留存违反了比例原则,手段和目的不相当。但是在暴恐袭击的不断威胁之下,维护安全的迫切性和紧急性将会增加手段的正当性。虽然德国是欧洲第一个判决德国《数据留存法》违宪的国家,但是2016年1月,德国议会通过了新的《数据留存法》。德国新《数据留存法》针对欧洲法院提出的大规模数据留存的合比例性质疑,对数据留存的目的、义务主体、期限、内容、保存、获取程序等作了明确的规范。根据新版《数据留存法》,德国通信元数据留存只可用于法律明确列举的严重犯罪行为,留存义务主体仅限于公营公司,留存期限也从原来的6个月至2年缩短至10周,位置信息仅保留4周;对于留存的元数据内容,法律明确排

---

① Zeke Turner, Germans Reconsider Tough Privacy Laws After Terrorist Attacks, http://www.wsj.com/articles/germans-reconsider-tough-privacy-laws-after-terrorist-attacks-147162858, June 15, 2017.

除了通信内容、访问的网址、电子邮件传输元数据，留存内容限制在传输数据和定位数据，包含通信服务商需留存电话号码、通话和短信发送的日期和时间、位置信息；网络服务商需留存 IP 地址、网络连接的日期和时长等。法律还要求数据须留存在位于德国境内的服务器上，并采取加密等数据安全措施，执法人员只有在获得法院命令的情况下才能获得访问数据的授权。①

第三节　风险预防性警务中的隐私权限制合宪性

在电影《少数派报告》中，人类发明了能侦查脑电波的机器人"先知"。"先知"能够发现人脑中的犯罪意图，在发生犯罪行为之前，实施犯罪预防的警察就可以对其实施逮捕。在大数据监控环境下，这种预防犯罪的蒙太奇构想有可能成为现实。当前，各国警务战略中积极推动的风险预防性警务就是通过多元数据的聚合和挖掘，构建犯罪模式，进行趋势分析，确定犯罪风险因子和可能的犯罪行为人、受害人和犯罪热点区域。②美国司法研究所（National Institute of Justice）将这种预防性警务定义为：在本质上是从多个源头获取并分析数据，并利用其结果预测、预防及更有效地应对未来的犯罪。③在警务改革政策的推动下，大数据犯罪预测因

---

① Eric J. Shinabarger, New German Data Retention Law Expected to Take Effect Soon, http://www.lexology.com/library/detail.aspx?g=fe41234a-b807-47da-a20e-b725327b537, June 15, 2017.

② 李国军：《论大数据驱动下的预测警务创新》，载《中国人民公安大学学报（社会科学版）》2015 年第 6 期，第 3—8 页。

③ Beth Pearsall: Predictive Policing: The Future of Law Enforcement?, https://www.nij.gov/journals/266/pages/predictive.aspx, July 9, 2017.

其能够有效配置警务资源、提升警务效能而成为当前各国主导的警务战略。

一、风险预防性警务的权力运行特征和宪法隐私权风险

(一) 无合理怀疑下的广泛监控与正当程序原则的冲突

风险预防性警务的风险预防职能要求在违法犯罪活动发生之前即发现问题并实施干预。因此,需要对广泛的人群实施监控,采集数据并加以分析。比如在地铁、车站、机场以及人群密集处等公共场所部署的视频监控和人脸识别系统,扫描和采集经过上述公开场所的所有不特定人群的图像和活动影像快速进行比对分析[①];通过部署社交媒体舆情监控系统,对所有社交媒体用户公开的发帖和个人信息进行大数据分析,发掘公众情绪、态度变化,预测大型公共事件的发生[②];建设"反恐大数据预警平台",通过公民网上活动、金融交易记录、通信记录等多源数据的汇集,构建全社会的反恐监控系统。传统的刑事侦查活动的启动,建立在对特定目标嫌疑人的合理怀

[①] 央视网:《辽宁沈阳:地铁装人脸识别系统 27 小时立功》,http://news.cctv.com/2017/06/02/ARTIYJrb4J9QBZnZ6z3lAVM8170602.shtml,访问日期:2017 年 7 月 9 日;网易新闻:《视侦高效破案沈阳地铁人脸识别系统屡立功》,http://news.163.com/17/0606/11/CM8D1O8A00018AOP.html,访问日期:2017 年 7 月 9 日;黄思易:《创新运用大数据手段打击防控盗窃案件全力提升群众安全感》,载《贵州日报》2018 年 1 月 29 日第 10 版。

[②] 麻省理工学院博士内森·凯乐斯的一项以 2013 年埃及爆发的民众抗议活动的大数据预测为主要案例的研究,获取了全球范围主流媒体新闻、政府出版物、社交媒体、博客等各种类型超过三百万个数据源的目标数据。其证明可以通过大数据技术和特定模型来发掘公众的情绪、态度变化,并最终预测以大型抗议活动为代表的大型公共事件的发生,包括事件即将发生的时间地点。转引自张冰清、刘高见:《大数据下的舆情监测和预测》,载《视听》2015 年第 5 期,第154—155 页。美国州和地方执法部门广泛部署了一种称为"地理位置馈送"的监控系统。地理位置馈送使用一种被称为地理栅栏(geofencing)的工具,在特定的网络位置区域内建立虚拟的屏障,识别和追踪公共社交媒体的帖子,以实施风险预防性警务。参见 Kalev Leetaru, Geofeedia Is Just the Tip of the Iceberg: The Era of Social Surveillence, https://www.forbes.com/sites/kalevleetaru/2016/10/12/geofeedia-is-just-the-tip-of-the-iceberg-the-era-of-social-surveil-lence/#443c98845b90, July 9, 2020. 17。

疑之上,实施的监控活动仅针对特定嫌疑人及其关系人。预防性警务活动中实施的广泛监控,其启动并非为了调查特定嫌疑人,而是为了预防潜在的风险,因此监控的对象是广泛的、不特定的、无嫌疑的人群。

大数据监控的风险预测功能支持政府打击犯罪和违法行为从事后追溯转变为事前预防。大数据监控,不仅使打击犯罪更精准,还有助于创新完善立体化、信息化社会治安防控体系建设,对各类风险做到早预测、早研判、早预警,提升社会治理能力。美国中央情报局(CIA)的首席技术官艾勒·亨特(Ira Hunt)描述了大数据如何颠覆传统的调查方式。由于大数据信息流的复杂化,执法调查的本质发生了根本的改变。在小数据世界中,调查是从问题或假设开始,然后通过人的判断,评估小数据证据是否能够支持调查。在大数据世界中,调查是从大数据证据开始,提供技术推导的见解,然后通过大数据工具(数据挖掘与模式分析,数据库扫描、统计模型和算法、预测分析或其他超级计算和人工智能工具)评估问题或假设。[①]

实现该目标要求利用数据模拟现实,也就是说,大数据监控与宪法"正当程序原则"可能存在冲突。大数据监控工具从根本上改变了政府搜查和对待证据的方式。在小数据世界中,政府实施调查是从怀疑开始,通过收集小数据构建证据,以此判断是否批准逮捕和起诉某个人。谁是嫌疑人,是否有证据证明其犯罪,从这些问题出发收集能够定罪的证据。政府要问的是,这些证据(比如指纹、证人等)是否能够支持执法机关的行动(比如搜查、逮捕、起诉)。相反,在大数据世界中,调查和分析是从数据开始的。政府数据收集项目的功能是为了构建问题。与传统的针对谁实施了犯罪构建理论相

---

① Ira "Gus" Hunt, Presentation at Gigaom Structure Data Conference: The CIA's "Grand Challenges" with Big Data(Mar. 20, 2013), https://www.huffingtonpost.com/2013/03/20/cia-gus-hunt-big-data_n_2917842.html, July 9, 2017.

反，大数据可以通过分析，在事件发生之前假定：谁可能实施犯罪或恐怖活动，这与传统的"无罪推定原则"相冲突。

（二）大数据技术处理公开的个人数据与合理隐私期待原则的冲突

预防性警务活动风险预防目标的实现是建立在收集和分析海量的个人数据基础之上的。作为一项非绝对性的基本权利，宪法隐私权允许合理的公权力干预。比如根据美国宪法第四修正案，不合理的搜查和扣押是禁止的，但是合理的搜查是允许的。美国联邦最高法院定义了什么是执法机关"合理的搜查"，即用"隐私合理期待理论"来评价权力机关的搜查行为是否违反公民的隐私合理期待。预防性警务活动收集个人数据的场景大部分是在公共场所，比如公交车站、地铁、大型集会场所等线下场所，以及公众发布在网络平台和社交媒体上的公开言论信息。

据媒体报道，美国国土安全部开发了一种被称为"未来归因筛选技术"（Future Attribute Screening Technology，FAST）的工具，可以快速分析人们的心理、生理信号和行为特征，筛查个人的呼吸、心血管反应、眼动、体温测试、身体运动，评估可疑行为，旨在识别与"恶意"（malintent）相关的个人特征。恶意分析通过对个人行为的预测来评估潜在和未知的威胁。[①]尽管"未来归因筛选技术"收集的个人生理表现并非通常意义上的可以识别身份的个人信息，但是政府收集和筛查个人身体和生理状况的数据仍然具有实质性的隐私权关切。风险预防性警务活动中普遍适用的这类技术可能会改变个人和社会对隐私的期待。

根据隐私合理期待理论建立的主客观两步审查方法，人们对其在公共

[①] Department of Homeland Security，DHS/S&T/PIA-012 Future Attribute Screening Technology（FAST）/Passive Methods for Precision Behavioral Screening，https://www.dhs.gov/publication/dhsstpia-012-future-attribute-screening-technology-fast-passive-methods-precision，July 9，2017.

场所/公开的社交媒体上的行为和言论不具有主观期待，并且社会也不认为其隐私期待具有合理性。然而，大范围地、持续地对公共场所的个人行为和言论实施监控，真的因为处于隐私合理期待以外而不具有保护价值吗？如前文所述，宪法隐私权的价值在于保护个人的自由表达而不担心受外部环境的影响，比如因担心权力机关收集和处理个人数据，解读个人的想法和行为而惮于表达。正如德国宪法法院在"人口普查案"判决中所言："个人需要保护他的个人资料被无限制地收集，存储和传播。个人自主权不是彻底地与社会环境相隔绝，而是一个人自主地进入社会，与他人进行交往。"风险预防性警务活动收集处理的信息大部分是公开的，传统认为不具隐私合理期待的个人信息。但是在大数据监控技术支持下，对这些公开信息进行的整体性、持续性的分析和处理究竟会在多大程度上对个人的人格自由发展造成限制，阻碍个人自由地进入社会系统，需要审慎地考量。

二、风险预防性警务与隐私合理期待理论的转向

（一）合理隐私期待理论的局限性

在风险预防性警务越来越成为各国警务活动核心的背景下，对广泛人群实施的公开监控活动带来的宪法性影响也成为各国宪法隐私权保护的重要议题。

美国联邦最高法院在近年来的判例中正在逐步反思卡兹案中构建的隐私合理期待理论，在政府大数据治理的现实场景下面临的挑战。2012年的美国诉琼斯案（United States v. Jones）中，美国联邦最高法院开始考虑在没有搜查令的情况下实施持续性的 GPS 追踪的合宪性问题。[1]同样的，在

---

[1]　United States v. Jones, 565 U.S. 400(2012).

2014 年莱利诉加利福尼亚州案（Riley v. California）中，联邦最高法院审查了无搜查令搜查移动电话进行逮捕是否违反第四修正案。尽管这两个判例被认为是宪法隐私权保护的胜利，然而遗憾的是，琼斯案和莱利案都没有确立对政府全面的数据监控和网络监控手段进行限制的原则。

在琼斯案中，阿利托大法官在协同意见中指出，卡兹案建立的隐私合理期待原则将会导致越来越深入的政府隐私权干预。假设理性人被认为有一套完善的和稳定的隐私期待，技术的发展可能改变人们对隐私的期待。也就是说，一个人接受隐私权的克减是为了与新技术带来的便捷或安全作交换，最终个人不得不接受这种交换是难以避免的。[1] 所以他认为，联邦最高法院应当审查的是整个社会对隐私具有什么样的期待，而不能仅仅关注于个人的隐私期待。索托马约尔大法官的协同意见也提出，对大数据监控的审查需要从广泛的社会期待的视角出发，而不是从个人权利的角度进行审查。[2] 在莱利诉加利福尼亚（Riley v. California）案中，首席大法官罗伯茨的意见主要集中在技术发展与隐私的关系上。他认为，手机所携带的个人隐私在质和量上都不同于其他个人物品。[3] 具体来说，手机的存储容量、功能和远程云访问的可能性使其包含有大量的个人信息。罗伯茨大法官引用索托马约尔大法官在琼斯案中的协同意见认为，手机及其应用程序上的个人数据展示了大量私人生活的信息，这些信息不仅相当于以往在家中搜查可以发现的信息，还包括了在家中都无法搜查到的个人信息。对手机实施无搜查令的搜查无异于是一种立宪者所反对的一般搜查（general warrant）。[4]

从卡兹案构建隐私合理期待理论的时代背景来看，当时美国联邦最高

---

① United States v. Jones, 565 U.S. 400(2012) at 427(Alito, J., concurring).
② United States v. Jones, 565 U.S. 400(2012). at 415(Sotomayor, J., concurring).
③ Riley v. California, 134 S. Ct. 2473, 2480(2014), at 2485.
④ Ibid.

法院的审查针对的是执法机关实施的目标性执法行动，而不是针对所有人的、无合理怀疑的大规模数据追踪。①琼斯案和莱利案凸显了在大数据技术广泛应用于风险预防性警务活动的情境下，隐私合理期待理论存在的局限性。

（二）社会隐私期待视角的提出

随着诸如公共场所的人脸识别、社交媒体的舆情监控和"未来归因筛选技术"等新兴网络监控工具的出现，需要重新定义什么样的行为是对宪法隐私权的干预。对个人行为追踪的持续性、个人信息存储的时间、针对广泛的无嫌疑的人群的监控、自动化的数据处理、数字画像的能力、数字化分析和算法决策，这些监控技术能力和因素决定了风险预防性警务活动实施的监控是否构成对宪法隐私权的干预。

美国学者玛格丽特·胡分析琼斯案和莱利案中阿利托大法官和索托马约尔大法官的协同意见后认为，美国联邦最高法院已经认识到，隐私合理期待理论已经无法应对日益增长的政府大数据监控实践。两位法官在协同意见中都提出，不仅应当审查大数据监控如何入侵个人生活，还需要审查大数据监控项目如何侵入整个社会生活。②也就是说，美国联邦最高法院的大法官试图从社会侵入性的角度对风险预防性警务活动进行审查，以解决当前隐私合理期待理论的限制。审查的重点不再是个人的隐私合理期待，个人是否与第三方共享个人信息，个人是否在公共场所活动，而是关注对社会整体进行的数据搜查和监控行为是否对整个社会的隐私期待造成损害。

以玛格丽特提出的社会隐私期待标准审查风险预防性警务活动，与采

---

① Christopher Slobogin, Policing as Administration, *U. PA.L. REV.* Vol.165, 2016, pp.91—152.

② Margaret Hu：Cybersurveillance Intrusions and an Evolving Katz Privacy Test, *Am. Crim. L. Rev.* Vol.55, 2018, pp.127—153.

用个人隐私合理期待标准,所得出的结论将有很大的不同。首先,社会隐私期待标准不再关注个人的主观隐私期待,而是从客观上审查社会是否对不受政府大数据监控具有合理期待。其次,社会隐私期待标准放弃了美国将隐私权视为个人利益的传统观点,而认为大数据监控侵害的是民主社会中的整体社会利益,将隐私的个体性与社会性相结合,将宪法隐私权视为一种个人参与社会公共生活的自主决定权,是个人进入社会系统沟通的保障。再次,社会隐私期待标准要求政府证明其风险预防性警务活动的目的正当性、必要性和有效性。

当然,社会隐私期待标准还仅仅是学术理论上的探讨,美国联邦最高法院更希望立法机关在审查风险预防性监控活动的目的正当性中发挥作用,以更多地吸纳社会公众的意见,形成社会共识。阿利托大法官在莱利案的协同意见中指出,科技的转变需要重新平衡执法和隐私的利益,这种平衡应当由立法机关来实施。[①]显然,美国联邦最高法院秉持着司法克制的立场,认为立法机关相比司法机关在审查风险预防性监控的必要性和有效性上有更强的专业性和主动性。不管是由立法机关还是司法机关实施审查,不容置疑的是,风险预防性警务活动的普及和数据执法架构的建立正在改变公民和国家之间的权力平衡,亟须宪法隐私权作为防御性工具和权力运行的透明度工具发挥作用,实现权力和权利的再平衡。

---

① Riley v. California, 134 S. Ct. 2473, 2480(2014), at 2496,(Alito, J., concurring).

结　语

无数基本权利保护的实践证明,公权力天然的扩张性格,决定了没有监督就必然导致权力滥用。[1]大数据等现代信息技术支持下的公权力更是具备了超越以往的公民隐私监控能力。以维护国家安全和公共利益为名实施的秘密通信拦截、设置木马后门、挖掘漏洞、监控在线行为、建设巨型公民数据库等等,使公权力机关有能力广泛地掌握公民的个人生活和思想活动,甚至在大数据技术的支持下预测公民未来的行为。当前,我国大量的法律法规都提及要保护公民隐私权,立法机关正逐步构建完整的保护隐私权和个人信息的法律框架,但还要从基本权利保护的视角出发,发挥宪法隐私权的防御功能和权力透明运行功能,规范对公权力的授权并加以监督,通过隐私影响评估,降低大数据监控带来的风险,是实现隐私权宪法保护的有效路径。

如今,全世界都处在这样一个关键的时刻。公共卫生领域的重大社会风险正在蔓延,高度复杂的恐怖主义威胁和严重犯罪活动时有发生,提高社会管理的效率和服务品质成为政府行为合法性的基础。在上述风险和机遇推动下,各国都在推动常态性的大数据计划。各种国家级的大型数据库的

---

[1]　张晓琴:《公民监督司法权问题探析》,载《当代法学》2010 年第 6 期,第 27—31 页。

建设和应用,各种网络言行、通信购物的记录都被详细地记录下来,公私部门的合作使公权力的监控能力大大增强。任何人都可能随时被秘密监控,但却毫无所觉,这对于保障人格尊严和社会多元性所必须的隐私权来说,是一个充满危机的时刻。

在大数据监控环境下,明确的、不可侵犯的私人领域正在渐渐消失,个人生活的透明化创造了一个强大的监控环境。人们渴望隐私,但是又因为安全而妥协。

参考文献

一、译　著

[德]哈贝马斯:《在事实与规范之间》,童世骏译,生活·读书·新知三联书店2003年版。

[德]克劳思·罗科信:《刑事诉讼法》,吴丽琪译,法律出版社2003年版。

[法]米歇尔·福柯:《规训与惩罚》,刘北成、杨远婴译,生活·读书·新知三联书店2010年版。

[法]孟德斯鸠:《论法的精神》,张雁深译,商务印书馆1995年版。

[美]阿丽塔·L.艾伦、理查德·C.托克音顿:《美国隐私法学说判例与立法》,冯建妹等译,中国民主法制出版社2004年版。

[美]伯纳德·施瓦茨:《美国最高法院史》,中国政法大学出版社2005年版。

[美]弗里德曼:《选择的共和国——法律、权威与文化》,高鸿钧等译,清华大学出版社2005年版。

[美]汉娜·阿伦特:《人的境况》,王寅丽译,上海人民出版社2017年版。

[美]劳伦斯·莱斯格:《代码2.0:网络空间中的法律》,李旭、沈伟伟译,清华大学出版社2009年版。

［美］德赖弗斯：《福柯论：超越结构主义与解释学》，光明日报出版社 1992 年版。

［美］路易斯·D.布兰代斯等：《隐私权》，宦盛奎译，北京大学出版社 2014 年版。

［美］理查德·波斯纳：《并非自杀的契约：国家紧急状态时期的宪法》，苏力译，北京大学出版社 2010 年版。

［美］理查德·波斯纳：《法律的经济分析》，法律出版社 2012 年版。

［美］斯蒂芬·L.埃尔金、爱德华·索乌坦等编：《新宪政论》，周叶谦译，生活·读书·新知三联书店 1997 年版。

［美］约书亚·德雷斯勒、艾伦·C.迈克尔斯：《美国刑事诉讼法精解（第一卷·刑事侦查）》，吴宏耀译，北京大学出版社 2009 年版。

［英］吉登斯：《现代性与自我认同》，赵旭东、方文译，生活·读书·新知三联书店 1998 年版。

［美］曼纽尔·卡斯特：《网络社会的崛起》，夏铸九等译，社会科学文献出版社 2006 年版。

陈光中主编：《刑事诉讼法（第四版）》，北京大学出版社 2012 年版。

陈新民：《宪法基本权利之基本理论》（上），元照出版社 2002 年版。

陈新民：《宪法基本权利之基本理论》（下），元照出版社 2002 年版。

蔡定剑：《宪法精解》，法律出版社 2006 年版。

董和平、韩大元、李树忠：《宪法学》，法律出版社 2000 年版。

韩大元、林来梵、郑贤君：《宪法学专题研究》，中国人民大学出版社 2004 年版。

韩伟华：《从激进共和到君主立宪：邦雅曼·贡斯当政治思想研究》，上海三联书店 2015 年版。

姜昕：《比例原则研究：一个宪政的视角》，法律出版社 2010 年版。

李震山：《多元、宽容与人权保障——以宪法未列举权之保障为中心》，元照出版社 2007 年版。

李震山：《人性尊严与人权保障》，元照出版社 2009 年版。

林来梵：《宪法学讲义》，法律出版社 2011 年版。

齐爱民：《拯救信息社会中的人格——个人信息保护法总论》，北京大学出版社 2009 年版。

童之伟：《法权与宪政》，山东人民出版社 2001 年版。

王俊秀：《监控社会与个人隐私：关于监控边界的研究》，天津人民出版社 2006 年版。

王利明主编：《人格权法新论》，吉林人民出版社 1994 年版。

王秀哲：《我国隐私权的宪法保护研究》，法律出版社 2011 年版。

王兆鹏：《美国刑事诉讼法》，北京大学出版社 2005 年版。

吴家麟编：《宪法学》，群众出版社 1983 年版。

徐显明：《人权研究（第三卷）》，山东大学出版社 2003 年版。

张千帆：《宪法学导论》，法律出版社 2003 年版。

张民安主编：《隐私合理期待总论——隐私合理期待理论的产生、发展、继受、分析方法、保护模式和争议》，中山大学出版社 2015 年版。

张翔：《基本权利的规范结构》，高等教育出版社 2008 年版。

张新宝：《隐私权的法律保护》，群众出版社 2004 年版。

周汉华：《个人信息保护法（专家建议稿）及立法研究报告》，法律出版社 2006 年版。

周汉华：《个人信息保护前沿问题研究》，法律出版社 2006 年版。

周伟：《宪法基本权利：原理·规范·应用》，法律出版社 2006 年版。

朱福惠等编：《世界各国宪法文本汇编（美洲、大洋洲卷）》，厦门大学出版社 2015 年版。

朱福惠等编：《世界各国宪法文本汇编（欧洲卷）》，厦门大学出版社 2013 年版。

朱福惠等编：《世界各国宪法文本汇编（亚洲卷）》，厦门大学出版社 2012 年版。

二、中文杂志

安晖:《美国大数据维稳镜鉴》,载《人民论坛》2014 年第 12 期。

曹昌棋:《论警察机关资料收集、处理与个人资料保护》,载《警专学报》1992 年第 5 期。

陈瑞华:《法律程序构建的基本逻辑》,载《中国法学》2012 年第 1 期。

陈卫东、李奋飞:《论侦查权的司法控制》,载《政法论坛》2000 年第 6 期。

陈啸平:《论公民隐私权的法律保护》,载《法学评论》1985 年第 5 期。

陈兴良:《限权与分权:刑事法治视野中的警察权》,载《法律科学·西北政法学院学报》2002 年第 1 期。

但伟、姜涛:《侦查监督制度研究——兼论检察引导侦查的基本理论问题》,载《中国学》2003 年第 2 期。

傅强、刘宇航:《公共场所隐私权法律保护研究——以公共场所摄像头的管理为视角》,载《北京科技大学学报(社会科学版)》2011 年第 4 期。

高慧铭:《基本权利限制之限制》,载《郑州大学学报:哲学社会科学版》2012 年第 1 期。

葛虹:《日本宪法隐私权的理论与实践》,载《政治与法律》2010 年第 8 期。

顾伟:《美国政府机构获取电子数据的法律程序研究》,载《信息安全与通信保密》2016 年第 12 期。

韩大元:《宪法文本中"人权条款"的规范分析》,《法学家》2004 年第 4 期。

郝银钟、席作立:《宪政视角下的比例原则》,载《法商研究》2004 年第 6 期。

胡铭:《技术侦查相关问题研究:英法德荷意技术侦查的程序性控制》,载《环球法律评论》2013 年第 4 期。

化柏林:《从棱镜计划看大数据时代下的情报分析》,载《图书与情报》2014 年第 5 期。

黄道丽:《网络安全漏洞披露规则及其体系设计》,载《暨南学报(哲学社会科学版)》2018 年第 1 期。

黄德清、陈斐铃:《公共场所监视录影器设置与基本人权的关系——以资讯自决权为讨论重心》,载《警专学报》2005 年 10 月第 3 卷第 6 期。

雷志高:《欧盟数据存留指令评鉴》,载《中国信息安全》2014 年第 10 期。

李国军:《论大数据驱动下的预测警务创新》,载《中国人民公安大学学报(社会科学版)》2015 年第 6 期。

李荣耕:《科技定位监控与犯罪侦查:兼论美国近年 GPS 追踪法制及实务之发展》,载《台大法学论丛》2015 年第 44 卷第 3 期。

林来梵、骆正言:《宪法上的人格权》,载《法学家》2008 年第 5 期。

林来梵、季彦敏:《人权保障:作为原则的意义》,载《法商研究》2005 年第 4 期。

刘静怡:《网路社会的资讯隐私权保护架构:法律经济分析的初步观察》,载香港中文大学《二十一世纪双月刊》2001 年 2 月号。

刘静怡:《国家监听与隐私的拔河战——从通信隐私的程序保障到资讯自主控制的落实》,载《司法改革杂志》2006 年 6 月第 62 期。

刘静怡:《隐私权的哲学基础、宪法保障及其相关辩论——过去、现在与未来》,载《月旦法学教室》第 46 期。

刘静怡:《通信监察与民主监督:欧美争议发展趋势之反思》,载《欧美研究》2017 年 3 月第 47 卷第 1 期。

刘涛:《社会宪治:刑法合宪性控制的一种思路》,载《法学家》2017 年第 5 期。

龙宗智:《强制侦查司法审查制度的完善》,载《中国法学》2011 年第 6 期。

陆润康:《美国宪法与隐私权》,载《宪政时代》1986 年第 12 卷第 1 期。

闵春雷:《以审判为中心:内涵解读及实现路径》,载《法律科学》2015 年第 3 期。

孙平:《系统构筑个人信息保护立法的基本权利模式》,载《法学》2016 年第 4 期。

田芳:《技术侦查措施合宪性审查中的动态平衡保障理论》,载《比较法研究》2015 年第 1 期。

王芳:《美国政治自由主义的回撤——基于美国宪法第四修正案隐私权抗辩诉讼数据的分析》,载《文史哲》2017 年第 4 期。

王洪、刘革:《论宪法隐私权的法理基础及终极价值——以人格尊严为中心》,载《西南民族大学学报(人文社会科学版)》2005 年第 5 期。

汪进元、汪新胜:《程序控权论》,载《法学评论》2004 年第 4 期。

王利明:《隐私权概念的再界定》,载《法学家》2012 年第 2 期。

王秀哲:《美国隐私权的宪法保护述评》,载《西南政法大学学报》2005 年第 5 期。

王泽鉴:《人格权的具体化及其保护范围·隐私权篇(上)》,载《比较法研究》2008 年第 6 期。

王忠:《美国推动大数据技术发展的战略价值及启示》,载《中国发展观察》2012 年第 6 期。

谢登科:《论技术侦查中的隐私权保护》,载《法学论坛》2016 年第 3 期。

杨玉泉:《监控社会下的隐私权保护——以现代公共治理技术为视角》,载《判解研究》2012 年第 3 期。

杨敦和:《论隐私权》,载《法论评论》1974 年第 40 卷第 9、10 期。

姚岳绒:《论信息自决权作为一项基本权利在我国的证成》,载《政治与法律》2012 年第 4 期。

叶海波、秦前红:《法律保留功能的时代变迁——兼论中国法律保留制度的功能》,载《法学评论》2008 年第 4 期。

叶俊荣:《2010 年宪法发展回顾》,载《台大法学论丛》2011 年第 40 卷 S 期。

曾赟:《监听侦查的法治实践——美国经验与中国路径》,载《法学研究》2015 年第 3 期。

张冰清、刘高见：《大数据下的舆情监测和预测》，载《视听》2015 年第 5 期。

张薇薇：《"人权条款"：宪法未列举权利的"安身之所"》，载《法学评论》2011 年第 1 期。

张晓琴：《公民监督司法权问题探析》，载《当代法学》2010 年第 6 期。

张新宝：《信息技术的发展与隐私权的保护》，载《法制与社会发展》1996 年第 5 期。

赵宏：《限制的限制：德国基本权利限制模式的内在机理》，载《法学家》2011 年第 2 期。

朱应平：《作为默示性宪法权利的隐私权》，载《贵州民族学院学报（哲学社会科学版）》2007 年第 4 期。

三、学位论文

蓝培青：《隐私权在美国演进历程之研究》，淡江大学美国研究所博士论文，1996 年。

王秀哲：《隐私权的宪法保护》，苏州大学博士学位论文，2005 年。

孙煜华：《论侦查权的宪法控制——以新刑事诉讼法及其实施为例》，华东政法大学博士论文，2013 年。

姚岳绒：《论信息自决权作为一项基本权利在我国的证成》，华东政法大学博士学位论文，2011 年。

詹文凯：《隐私权之研究》，台湾大学法律学研究所博士论文，1998 年。

四、文　集

［美］丹尼尔·萨勒夫：《隐私权与权力：计算机数据库与信息性隐私权隐喻》，载

张民安主编:《信息性隐私权研究——信息性隐私权的产生、发展、适用范围和争议》,中山大学出版社 2015 年版。

[美]戴维·A.库里莱德:《云计算时代的隐私合理期待——〈美国联邦宪法第四修正案〉在云计算时代所面临的困惑》,凌玲译,载张民安主编:《隐私合理期待分论——网络时代、新科技时代和人际关系时代的隐私合理期待》,中山大学出版社 2015 年版。

[美]汉娜·阿伦特:《公共各领域和私人领域》,刘锋译,载汪晖、陈燕谷主编:《文化与公共性》,生活·读书·新知三联书店 1998 年版。

五、外文案例

C-203/15 and C-698/15: Tele 2 Sverige AB v. Post-och telestyrelsen and Secretary of State for the Home Department v. Watson and others(2016).

California v. Ciraolo, 476 U.S. 213-214(1986).

Doerga v. the Netherlands, app. no. 50210/99(2004).

Joined Cases C-293/12 & C-594/12, Digital Rights Ireland(2014).

Katz v. United States, 389 U.S. 347(1967).

Klass v. Germany, App. no. 5029/71(1978).

Kruslin v. France, App. no.11801/85(1990).

Liberty & Others v. United Kingdom, App. No. 58243/00(2008).

Malone v. the United Kingdom, App. no. 8691/79(1984).

Oliver v. United States, 466 U.S. 170(1984).

Peck v. United Kingdom, App. no. 44647/98(2003).

Riley v. California, 134 S. Ct. 2473, 2480, 2485(2014).

S. and Marper v. the United Kingdom，App. no. 30562/04，30566/04(2008).

Silverman v. United States，365 U.S. 505，506(1961).

Silver and Others v. the United Kingdom，app. no. 5947/72；6205/73；7052/75；7061/75；7107/75；7113/75；7136/75(1983).

Söderman v. Sweden，App. no. 5786/08(2013).

Smith v. Maryland，442 U.S. 735(1979).

United States v. Jones，565 U.S. 400(2012).

United States v. Knotts，460 U.S. 284(1983).

United States v. Miller，425 U.S. 435(1976).

Webe and Saravia v. Germany，App. no. 54934/00(2006).

六、外文论著

Alan F. Westin, Oscar M. Ruebhausen, *Privacy and Freedom* , Ig Publishing, 2015.

Alan F. Westin, *Privacy and Freedom* (Fifth ed.)，New York：Atheneum，1968.

Arthur R. Miller, *The Assault on Privacy*：*Computer* , *Data Banks* , *Anddossiers* , University of Michigan Press, 1971.

David Lyon, Elia Zureik, eds., *Computer* , *Surveillance* , *and Privacy* , University of Minnesota Press, 1996.

David Lyon, *Surveillance After Snowden* , John Wiley & Sons, 2015.

David Lyon, *Surveillance Studies*：*An Overview* , Cambridge：Polity Press, 2007.

David Vincent, *Privacy：A Short History*, John Wiley & Sons, 2016.

Daniel J. Solove, *A Brief History of Information Privacy Law*, *Proskauer on Privacy*, GW Law Faculty Publication & Other Works, PLI, 2006.

Daniel J. Solove, Paul M. Schwartz, *Information Privacy Law*, Wolters Kluwer Law & Business, 2014.

Daniel J. Solove, *The Digital Person：Technology and Privacy in the Information Age*, NYU Press, 2004.

Daniel J. Solove, *Understanding Privacy*, Harvard University Press, 2008.

Emily Hancock, *CALEA：Does One Size Still Fit All?*, *Cybercrime：Digital Cops in a Networked Environment*, New York University Press, 2007.

Eric A. Posner, Adrian Vermeule, *Terror in the Balance：Security, Liberty, and the Courts*, Oxford University Press on Demand, 2007.

Flaherty H. David, Protecting Privacy in Surveillance Societies, Chapel Hill：University of North Carolina Press, 1989.

Maria Tzanou, *The Fundamental Right to Data Protection：Normative Value in the Context of Counter-Terrorism Surveillance*, Bloomsbury Publishing, 2017.

Mayer-Schönberger, Viktor, Kenneth Cukier, *Big Data：A Revolution That Will Transform How We Live, Work, and Think*, Houghton Mifflin Harcourt, 2013.

Richard A. Posner, *Not a Suicide Pact：The Constitution in a Time of National Emergency*, Oxford University Press, 2006.

Robert O'Harrow, *No Place to Hide*, Simon and Schuster, 2006.

Rosen, Jeffrey, Benjamin Wittes, *Constitution 3.0：Freedom and Technological Change*, Brookings Institution Press, 2011.

Onora O'neill, *Autonomy and Trust in Bioethics*, Cambridge University Press,

2002.

Wrong D. Power, *Its Forms*, *Bases and Uses*, Routledge, 2017.

Wright, David, Paul De Hert, *Introduction to Privacy Impact Assessment*, *in Privacy Impact Assessment*, Springer, Dordrecht, 2012.

七、外文论文

Antoinette Rouvroy, Yves Poullet, The Right to Informational Self-determination and the Value of Self-development: Reassessing the Importance of Privacy for Democracy, in Serge Gutwirth et al(eds.), *Reinventing Data Protection*, Springer, Dordrecht, 2009.

Antonella Galetta, Paul De Hert, Complementing the Surveillance Law Principles of the ECtHR with Its Environmental Law Principles: An Integrated Technology Approach to a Human Rights Framework for Surveillance, *Utrecht L. Rev.* Vol.10, 2014.

Balkin, Jack M, The Constitution in the National Surveillance State, *Minnesota Law Review*, 93(1), 2008.

Christopher Kuner, et al, Privacy—An Elusive Concept, *International Data Privacy Law*, Vol.1, 2011.

Christopher Kuner, An International Legal Framework for Data Protection: Issues and Prospects, *Computer Law & Security Review*, Vol.25, 2009.

Christopher Slobogin, Policing as Administration, *U. PA. L. REV.* Vol.165, 2016.

Danielle Keats Citron, Technological Due Process, *Wash. U. L. Rev.* Vol.85,

2008.

David Lyon, Surveillance, Snowden, and Big Data: Capacities, Consequences, Critique, *Big Data & Society*, 1(2), 2014.

David Wright: Developing and Testing a Surveillance Impact Assessment Methodology, *International Data Privacy Law*, 5(1), 2014.

De Paul, and Serge Gutwirth, Privacy, Data Protection and Law Enforcement: Opacity of the Individual and Transparency of Power, in Erik Claes, Anthony Duff and Serge Gutwirth(eds.), *Privacy and the Criminal Law*, Intersentia, 2006.

Dean Prosser, Privacy, *California Law Review*, Vol.48, 1960.

Fred H. Cate, Government Data Mining: The Need for a Legal Framework, *Harv.CR-CLL Rev.*, Vol.43, 2008.

Hans Born, Loch K. Johnson, Ian Leigh ed, Who's Watching the Spies?: Establishing Intelligence Service Accountability, *Potomac Books*, 2005.

Jack M. Balkin, The Three Laws of Robotics in the Age of Big Data, *Ohio State Law Journal*, Vol.78, 2017.

James E. Flemming, Securing Deliberative Autonomy, *Stanford Law Review*, Vol.48, 1995.

Jerry Kang, Self-surveillance Privacy & the Personal Data Guardian, *Datenschutz und Datensicherheit-DuD*, 35(9), 2011.

Ian Brown, Government Access to Private-Sector Data in the United Kingdom, *International Data Privacy Law*, 2(4), 2012.

Julie E. Cohen, What Privacy Is For, *Harvard Law Review*, Vol.126, 2013.

Kayleen Manwaring, Roger Clarke, Surfing the Third Wave of Computing: A Framework for Research into eObjects, *Computer Law & Security Review*, 31(5), 2015.

Leslie Regan Shade, Reconsidering the Right to Privacy in Canada, *Bulletin of Science, Technology & Society*, 28(1), 2008.

Paul M. Schwartz, Privacy and Democracy in Cyberspace, *Vanderbilt Law Review*, Vol.52, 1999.

Paul M. Schwartz, Privacy and Participation: Personal Information and Public Sector Regulation in the United States, *IOWA Law. Review*, Vol.80, 1995.

Posner A. Richard, The Economics of Privacy, *The American Economic Review*, 71(2), 1981.

Roger Clarke, Information Technology and Dataveillance, *Communications of the ACM*, 31(5), 1988.

Roger Clark, Data Retention as Mass Surveillance: The Need for an Evaluative Framework, *International Data Privacy Law*, 5(2), 2015.

Margaret Hu, Small Data Surveillance v. Big Data Cybersurveillance., *Pepp. L. Rev.*, Vol.42, 2014.

Margaret Hu: Cybersurveillance Intrusions and an Evolving Katz Privacy Test, *Am. Crim. L. Rev.* Vol.55, 2018.

Maria Tzanou, Data Protection as a Fundamental Right Next to Privacy? "Reconstructing" a Not So New Right, *International Data Privacy Law*, Vol.3, 2013.

Nicole A. Moreham, The Right to Respect for Private Life in the European Convention on Human Rights: A Re-examination, *European Human Rights Law Review*, Vol.1, 2008.

Paul M. Schwartz, William M. Treanor, The New Privacy, *Michigan Law Review*, Vol.101, 2003.

Richard A. Posner, Privacy, Surveillance, and Law, *University of Chicago Law Review*, Vol.75, 2008.

T. Alexander Aleinikoff, Constitutional Law in the Age of Balancing, *The Yale Law Journal*, 96(5), 1987.

Winston Maxwell, Systematic Government Access to Private Sector Data in France, *International Data Privacy Law*, 4(1), 2014.

Wright D., Gellert R., Gutwirth S, et al., Minimizing Technology Ricks with PIAs, Precaution, and Participation, *IEEE Technology and Society Magazine*, 30(4), 2011.

Sarah Fowler, Circumventing the Constitution for National Security: An Analysis of the Evolution of the Foreign Intelligence Exception to the Fourth Amendment's Warrant Requirement, *Nat'l Sec*. & *Armed Conflict L. Rev*. Vol.4, 2013.

八、外文网站

Beth Pearsall: Predictive Policing: The Future of Law Enforcement?, https://www.nij.gov/journals/266/pages/predictive.aspx, July 9, 2017.

Charlie Savage et al., N.S.A. Said to Tap Google and Yahoo Abroad, N.Y. Times, http://www.nytimes.com/2013/10/31/technology/nsa-is-mining-google-and-yahoo-abroad.html, May 30, 2017.

Claire Cain Miller, Secret Ruling Put Tech Firms in Data Bind, N.Y Times, http://www.nytimes.com/2013/06/14/technology/secret-court-ruling-put-tech-companies-in-data-bind.html?pagewanted=all, May 30, 2017.

Clifton B. Parker, Stanford Students Show that Phone Record Surveillance Can Yield Vast Amounts of Information, Stanford Report, Mar. 12, 2014, http://news.stanford.edu/news/2014/march/nsa-phone-surveillance-031214.html, June 9, 2017.

Clifford Lynch: Stewardship in the "Age of Algorithms", http://firstmonday. org/ojs/index.php/fm/article/view/8097, Dec. 4, 2017.

Constant Brand, Europeans Warned over Echelon Spying, The Guardian, http://www.theguardian.com/world/2001/may/30/eu.politics, May 30, 2017.

Cyrus Farivar, German NSA Has Deal to Tap ISPs at Major Internet Exchange, https://arstechnica.com/tech-policy/2013/10/german-nsa-has-deal-to-tap-isps-at-major-internet-exchange/, May 30, 2017.

David Murakami Wood, Kirstie Ball, A Report on the Surveillance Society, https://ico. org. uk/media/about-the-ico/documents/1042388/surveillance-society-public-discussion-document-06.pdf, May 15, 2017.

Department of Homeland Security, DHS/S&T/PIA-012 Future Attribute Screening Technology(FAST)/Passive Methods for Precision Behavioral Screening, https://www. dhs. gov/publication/dhsstpia-012-future-attribute-screening-technology-fast-passive-methods-precision, July 9, 2017.

Eric J. Shinabarger, New German Data Retention Law Expected to Take Effect Soon, http://www.lexology.com/library/detail.aspx?g＝fe41234a-b807-47da-a20e-b725327b537, June 15, 2017.

Eric Lichtblau, F.B.I. Data Mining Reached Beyond Initial Targets, http://www.nytimes.com/2007/09/09/washington/09fbi.html, Dec. 4, 2017.

Ewen MacAskill, Julian Borger, Nick Hopkins, Nick Davies, James Ball, GCHQ Taps Fibre-optic Cables for Secret Access to World's Communications, https:// www. theguardian. com/uk/2013/jun/21/gchq-cables-secret-world-communications-nsa, July 3, 2017.

European Commission for Democracy through Law, Report on the Democratic Oversight of the Security Services, http://www. venice. coe. int/webforms/documents/default.aspx?pdffile=CDL-AD(2015)010-e, June 2, 2017.

Executive Office of the President of United States, John Podesta. Big Data: Seizing Opportunities, Preserving Values, https://obamawhitehouse.archives.gov/sites/default/files/docs/20150204_Big_Data_Seizing_Opportunities_Preserving_Values_Memo.pdf, May 15, 2017.

Gartner: IT Glossary: Big Data, http://www.gartner.com/it-glossary/big-data/, Oct.21, 2017.

Home land Security Research, China Safe Cities Technologies and Markets-2013-2022, http://homelandsecurityresearch.com/2013/09/china-safe-cities-technologies-and-markets-2013-2022, June 4, 2017.

House of Lords, Select Committee on the Constitution, Surveillance: Citizens and the State, https://publications.parliament.uk/pa/ld200809/ldselect/ldconst/18/18.pdf, June 21, 2017.

IBM Center for the Business of Government, Five Examples of How Federal Agencies Use Big Data, http://www.businessofgovernment.org/BigData3Blog.html, July 8, 2017.

Ira "Gus" Hunt, Presentation at Gigaom Structure Data Conference: The CIA's "Grand Challenges" with Big Data(Mar. 20, 2013), https://www.huffingtonpost.com/2013/03/20/cia-gus-hunt-big-data_n_2917842.html, July 9, 2017.

Jean Guisnel, The French Also Wiretap Their Allies, Le Point, http://www.lepoint.fr/actualitespolitique/2007-01-25/les-francais-aussi-ecoutent--leurs-allies/917/0/91357, May 30, 2017.

Jon Russell: India's Supreme Court rules that privacy is a fundamental right for citizens, https://techcrunch.com/2017/08/24/indias-supreme-court-rules-that-privacy-is-a-fundamental-right-for-citizens, Sept. 20, 2017.

Jonathan Mayer, Patrick Mutchler, MetaPhone, The Sensitivity of Telephone Metadata, Web Policy, Mar. 12, 2014, http://webpolicy.org/2014/03/12/metaphone-the-sensitivity-of-telephone-metadata/, June 9, 2017.

Kadhim Shubber, A Simple Guide to GCHQ's Internet Surveillance Programme Tempora, http://www.wired.co.uk/news/archive/2013-06/24/gchq-tempora-101, May 30, 2017.

Kalev Leetaru, Geofeedia Is Just the Tip of the Iceberg: The Era of Social Surveillence, https://www.forbes.com/sites/kalevleetaru/2016/10/12/geofeedia-is-just-the-tip-of-the-iceberg-the-era-of-social-surveillence/#443c98845b90, July 9, 2017.

Kieran Healy, Using Metadata to Find Paul Revere, https://kieranhealy.org/blog/archives/2013/06/09/using-metadata-to-find-paul-revere/, June 9, 2017.

Lisa Eadicicco, Google Maps' New Hidden Feature Could Be Very Useful, http:// www. wsj. com/articles/google-maps-suggests-destination-145273096, Jan. 15, 2017.

NIST: NIST Special Publication 800—122: Guide to Protection the Confidentiality of Personally Identifiable Information, https://csrc.nist.gov/publications/detail/sp/800-122/final, July 23, 2017.

NSF-NIH Interagency Initiative, Core Techniques and Technologies for Advancing Big Data Science and Engineering(BIGDATA), https://www.nsf.gov/pubs/2012/nsf12499/nsf12499.htm, May 15, 2017.

NUMBEO: Crime Index for Country 2018, https://www.numbeo.com/crime/rankings_by_country.js, Feb. 21, 2018.

ODNI: Statistical Transparency Report Regarding Use of National Security Authorities—Annual Statistics for Calendar Year 2016, https://icontherecord.tumblr.com/post/160232837098/statistical-transparency-report-regarding-use-of, May. 2, 2017.

Opinion of Advocate General Saugmandsgaard ØE Delivered on 19 July 2016 on Joined Cases C-203/15 and C-698/15, http://curia.europa.eu/juris/document/document.jsf?docid=181841&doclang=EN, July 4, 2017.

President's Council of Advisors on Science and Technology, Big Data and Privacy: A Technological Perspective, https://obamawhitehouse.archives.gov/blog/2014/05/01/pcast-releases-report-big-data-and-privacy, Feb. 26. 2017.

Richard A. Posner, Our Domestic Intelligence Crisis, http://www.washingtonpost.com/wpdyn/content/article/2005/12/20/AR2005122001053.html, June 3, 2017.

Richard A. Posner, Privacy is Overrated, http://www.nydailynews.com/opinion/privacy-overrated-article-1.1328656, June 3, 2017.

Nathan Leamer, Why the Senate Should Reject Expanding National Security Letters, http://www.rstreet.org/2016/06/22/why-the-senate-should-reject-expanding-national-security-letters/, July 7, 2017.

Saul Hansell, U.S. Wants Internet Companies to Keep Web-Surfing Records, http://www.nytimes.com/2006/06/02/washington/02records.html, Sept. 25, 2017.

Shoshana Zuboff, The Secrets of Surveillance Capitalism, http://www.faz.net/aktuell/feuilleton/debatten/the-digital-debate/shoshana-zuboff-secrets-of-surveillance-capitalism-14103616.html, June 28, 2017.

Steven Greer, The Exceptions to Articles 8 to 11 of the European Convention of Human Rights, 1997 Human Rights Files, no.15, Council of Europe Publishing, https://www.echr.coe.int/LibraryDocs/DG2/HRFILES/DG2-EN-HRFILES-15 (1997).pdf, May 5, 2017.

The Big Data Conundrum: How to Define It?, MIT Technology Review, http://www.technologyreview.com/view/519851/the-big-data-conundrum-how-to-define-it/, Oct.11, 2017.

Transportation Security Administration(TSA): Frequently Asked Questions, http://www.tsa.gov/research/privacy/faqs.shtm, Feb. 25, 2017.

William J. Stuntz, Secret Service: Against Privacy and Transparency, https://newrepublic.com/article/65393/against-privacy-and-transparency, June 3, 2017.

Zeke Turner, Germans Reconsider Tough Privacy Laws After Terrorist Attacks, http://www.wsj.com/articles/germans-reconsider-tough-privacy-laws-after-terrorist-attacks-147162858, June 15, 2017.

后 记

　　本书是基于我的博士学位论文的部分内容修改而成的。犹记得几年前那漫长的论文写作过程中，各种情绪起起落落，既有在工作和生活夹缝中写作而生的焦虑、疲惫和困顿，也有因与师友探讨而灵感闪现时的欣喜和兴奋。隐私和数据保护是我很重要的一项研究工作，但是越来越觉得即使写了一二十万字，却仍有许多未尽之言，甚至多了很多惶恐之感。技术发展日新月异，对社会的重新塑造可能远远超过想象。本书的阐述难以解决我所研究的问题，更多地是打开了一片有待进一步深入的天地。

　　2014 年，我获得了一项国家社科基金青年项目"大数据环境下个人信息安全规制研究"。随着研究的开展，我越来越觉得，在大数据时代，不能仅仅把目光聚焦在那些号称自己是大数据企业的互联网巨头上，隐私保护更为关键的是控制公权力的数据监控能力。在工作中，对前沿信息技术应用的跟踪研究，更促使我试图从宪法学专业研习者的视角对持续扩张的政府数据监控权加以研究。这似乎也带有一点宪法学习者和社科研究者有些幼稚的使命感。科技与人类的未来一直是学术研究和文艺创作中的永恒命题。大数据监控可能是刚刚开启的已来的未来。很荣幸能够成为一名研究者，我告诉自己要始终保持好奇心和独立思考，哪怕做不到影响世界，也要努力去探寻世界。

在此,感谢我的导师刘松山教授。记得博士刚入学时,刘老师的头发还是灰白,如今已经几乎全白了,但老师还是那个直率的性情中人。即使如我这般生性腼腆、不善言辞的人,每次见面也总是被他的真性情所感染。阅读刘老师的文章时每每被他的文采所折服。还记得他曾传授过独家写作技巧,但是这种巧思大概只来自天赋。感谢童之伟教授,不管是在课堂上还是在博客、微博和微信上,我都是童老师的粉丝。童老师对社会现实问题的批判性思考和学术责任感教会我学术研究的价值所在。感谢沈福俊教授,沈老师是我朋友圈里最热爱生活、最会享受生活的老师。感谢朱应平教授,朱老师对隐私保护问题的研究框架使我受益良多。同时也感谢论文预答辩和答辩会上对本书提出许多重要修改意见的沈国明教授、王月明教授、范进学教授、江利红教授、林彦教授等诸位老师。

此外,还要感谢上海社会科学院信息研究所历任所长:王贻志所长、王世伟所长、王振所长,感谢支持本书写作的我所有的同事们,感谢写作和工作中常常被我骚扰的互联网产业界和执法部门的诸位师友。

最后还要感谢我的家人,常常成为我释放情绪和压力的出气筒。感谢父辈们为了让我安心学习和工作而操劳家务。特别要感谢我的宝贝,会督促我好好"做作业"的宝贝,让我们一起享受学习的乐趣,成为彼此的骄傲。

此修行远途,吾方才启程。

张 衡

2021 年 1 月

图书在版编目(CIP)数据

大数据监控社会中的隐私权保护:基于美欧实践的
观察/张衡著.—上海:上海人民出版社,2021
(上海社会科学院青年学者丛书)
ISBN 978 - 7 - 208 - 17023 - 0

Ⅰ.①大…　Ⅱ.①张…　Ⅲ.①隐私权-数据保护-研
究　Ⅳ.①D912.7

中国版本图书馆 CIP 数据核字(2021)第 058775 号

责任编辑　毛衍沁
封面设计　路　静

上海社会科学院青年学者丛书
大数据监控社会中的隐私权保护
——基于美欧实践的观察
张　衡 著

出　　版　上海人民出版社
　　　　　（200001　上海福建中路 193 号）
发　　行　上海人民出版社发行中心
印　　刷　上海商务联西印刷有限公司
开　　本　720×1000　1/16
印　　张　12
插　　页　4
字　　数　143,000
版　　次　2021 年 5 月第 1 版
印　　次　2021 年 5 月第 1 次印刷
ISBN 978 - 7 - 208 - 17023 - 0/D・3734
定　　价　50.00 元